# 엄마의 착각이 아이를 망친다

### 엄마의 착각이 아이를 망친다

ⓒ 한미애
**초판 1쇄 발행** 2013년 1월 30일
**초판 2쇄 발행** 2013년 2월 18일

**지은이** 한미애
**펴낸이** 이효순
**펴낸곳** 일상과 이상
**디자인** 출판iN

**출판등록** 제300-2009-112호
**주소** 서울특별시 용산구 남영동 10-1 금강빌딩 504호
**전화** 070-7787-7931
**팩스** 032-872-7931
**이메일** fkafka98@gmail.com

ISBN 978-89-98453-00-8 (03370)

책값은 표지 뒤쪽에 있습니다.
파본은 본사와 구입하신 서점에서 교환해 드립니다.

이 책은 저작권법에 따라 보호받는 저작물이므로 무단복제를 금지하며
이 책 내용의 전부 또는 일부를 이용하려면 반드시 저작권자와 일상과 이상의
서면동의를 받아야 합니다.

0세부터 대학생까지

# 엄마의 착각이 아이를 망친다

한미애 지음

일상이상

# 대한민국 학부모와 교사를 위한
# 자녀교육의 불편한 진실

한미애 교사는 내가 춘천의 강원교육과학연구원에서 연구사로 있을 때부터 지켜봐 온 교사이다. 어느 학교에서 근무를 하든 그 학교 학생들의 눈높이에 맞추어 학생들을 위해 최선을 다하는 모습을 보여주었다.

춘천농공고에서는 공부에 관심이 없는 학생들에게 과학반 활동을 열심히 지도하면서 학생들과 함께 과학축전에 참여하기도 했다. 교육과학연구원에서 운영하는 토요과학교실의 학생들이 한미애 교사와의 실험활동 시간을 얼마나 좋아하고 기다리는지도 지켜보았다. 강원과학고에서는 전국과학전람회 및 올림피아드, 과학논문대회 등에서 그 누구보다도 뛰어난 학생지도 실적을 내면서도 밤낮을 가리지 않고 학생들의 학습지도를 열심히 했기에, 학생들과 학부모들에게 인기도 많았던 교사였다.

현재는 계촌중학교 교무부장으로 있으면서 전교생 21명인 산골 벽지마을의 계촌중학교를 학업성취도 강원도 4위인 학교, 과학동아리 특기교육으로 신학력신장 우수학교가 되도록 하는 데 가장 공헌도가 큰 장본인이기도 하다.

한미애 교사는 부드럽고 아름다운 카리스마를 가진 현직교사로서 어머니의 애틋한 모성과 과학자로서의 예리한 통찰력과 지성을 고루 갖춘 이른바 융합형 교사이다.

이 책을 통해 모든 엄마들은 자신의 아이를 키우면서 실수할 수 있는 다양한 일들을 발견하고 많은 것을 느끼게 될 것이다. 엄마의 태도에 따라 내 아이가 학교에서 어떤 학생이 될지, 어떻게 성장할지에 대해서도 진지하게 생각할 수 있는 기회를 갖게 될 것이다. 또한 교사가 학생과 상담하며 지도하는 모습, 아이들은 어떤 생각을 하는지도 배울 수 있을 것이다.

누구보다도 내 아이를 잘 키우고 싶은 엄마들, 학생지도를 잘하고 싶은 교사들, 특히 새내기 교사들이 꼭 읽고 많은 것을 배우고 느꼈으면 하는 바람으로 이 책을 추천하고 싶다.

강원과학고등학교 교장 한성기

# 자녀교육?
# 문제는 부모에게 있다

여자는 두 번 태어난다고 한다. 한 번은 친정에서 딸로 태어나는 것이고, 또 한 번은 시집에서 엄마로 태어나는 것이다. 그러니 제1의 인생을 살고 나서 제2의 인생을 시작한 모든 엄마들은 제1의 인생이야 어찌되었든 엄마로서 성공하고 싶어 한다. 그리고 엄마들의 대부분은 내 아이가 성공해야 엄마로서의 내 인생도 성공한다고 생각한다. 내 아이가 성공해야 엄마의 자존심을 세워줄 것만 같아서 남아 있는 모든 인생을 걸고 아이에게 전념한다.

나는 고등학교 교사로서 결혼을 한 후 아들을 낳았다. 정말 훌륭한 아들로 키워보고 싶었다. 누구나 그렇겠지만 나 역시 자라나면서 아쉬웠던 점들이 있었다. 그래서 내 부모님이 나에게 이렇게 해주셨으면 좋았을 텐데 하고 바랐던 것까지 모두 고려해 내 아이를 최고로 키우고 싶었다.

그런데, 이게 웬일인가! 모든 시간과 돈과 정성을 다해 내 아이의 교육에 전념했건만, 내 아이는 나로 인해 고통스러워했고 가슴 아파했으며, 결국은 '학습장애' 현상까지 경험하게 되었다. 나는 학생이 어떻게 하면 공부를 잘할 수 있을지를 알고 있었기 때문에 가정에서도 내 아이의 선생님이 되어서 아이를 옆에 두고 가르쳤다. 어렸을 때부터 그림 그리기를 즐기는 내 아이가 못마땅했기에 그림을 그리면 왜 안 되는지를 무수히 설명하면서 수학 문제 하나를 더 풀도록 설득했다. 책읽기를 좋아해서 틈만 나면 책을 읽고 있는 아이에게서 책을 빼앗고 교과서를 읽고 문제집을 풀라고 강요했다.

내 아이가 과학영재라고 착각하고는 어린 아이를 붙잡아 놓고 과학실험을 시키고 실험보고서를 쓰게 하는 등 다양한 영재교육을 내 아이에게 직접 했는가 하면, 피아노에 소질이 있다고 하는 선생님의 말씀을 듣고는 바로 피아노 콩쿠르에 내보내겠다고 학원을 옮겨서 스파르타 피아노 교육을 시키기도 했다.

엄마의 이러한 극성으로 내 아이는 수학 문제도 풀기 싫어하게 되었고, 과학 공부도 싫어하기 시작했으며, 더 이상 피아노 앞에는 앉지도 않는 아이가 되고 말았다. 아이가 공부와 멀어진 것은 결국 조급하고 욕심 많은 내 탓이었던 것이다.

그렇게 공부와 점점 멀어지는 아이가 너무 야속해 쓰레기통에 아이를 넣어놓고는 공부를 안 하면 인간쓰레기가 되고 만다는 것을 가르치려고 했다. 이 모든 행동은 '아이의 미래를 위해', 그리고 '내 아이를 사랑하니까'라는 핑계를 대면서 이루어졌는데, 그 결과 아이에게 깊은 상처를 주고 말았다.

　아이가 엄마 몰래 오랫동안 정성들여서 그려 놓은 그림들을 모두 찢어버리면서 공부하도록 했으나 어렸을 때부터 자신만의 꿈을 꾸고 자란 내 아이의 꿈을 바꿀 수는 없었다. 결국 나는 아이를 과학자로 키워보려던 소망을 접어야 했다. 점점 자아가 커지고 자신감을 가지고 자신의 태도를 분명하게 표현할 수 있는 시기가 되자 아들은 더 이상 자신의 꿈은 과학자가 아니라 애니메이터라고 당당히 밝히고는 엄마의 말을 듣지 않게 된 것이다. 결국 나는 아들이 원하는 길로 갈 수 있도록 지원해 주는 엄마가 되었다.

　지금 우리 아들은 예술고등학교를 졸업하고 일본에서 애니메이션을 공부하고 있다. 늦게 시작한 그림이지만 소망했던 공부를 할 수 있게 된 것에 늘 감사하면서 공부하고 있는 아들을 보면서 학교 성적에 연연하면서 아이를 힘들게 했던 날들이 부끄럽다. 그리고 이 험한 세상에서 강한 의지로 열심히 살면서 오히려 엄마에게 힘내라고 격려해 주는 아들이 자랑스럽다. 이제는 아들이 성공을 하든 하지 않든 연연하지 않는다. 그저 내 아이가 이 험한 세상에서 행복하게 살아주기를 바랄 뿐이다.

　이 책은 엄마로서 다양한 착각 속에서 내 아이를 힘들게 하고 아프게 했던 일들을 반성하면서, 교사로서 객관적으로 보아온 아이들과 엄마들에 대한 이야기를 진솔하게 담아낸 것이다. 혹 나처럼 내 아이를 성공시켜 보겠다고 조기교육과 선행학습에 얽매여 가장 행복해야 할 아이들을 힘들게 하고 있지는 않는지 곰곰이 생각해 보자고, 모든 엄마들에게 제안해 보고 싶었다. 어느 엄마도 내 아이가 불행하게 사는 것을 바라지는 않을 것이다. 하지만 정작 내 아이를 가장 힘들게 하고 가슴 아프게 하는 이는 바로 엄마 자신일 가능성이 가장 크다는 것을 간과해서는 안 될 것이다.

  내 아이가 행복해지려면, 결국 엄마가 변해야 한다. 내 아이가 즐거운 마음으로 공부하게 하려면 엄마의 욕심을 줄여야 한다. 아이의 진정한 성공은 이 험한 세상에서 자신이 진정으로 하고 싶은 것을 하면서 사는 것이 아닐까? 아무리 힘들어도 자신에게 주어진 고통을 수용하고 성취감을 느끼면서 살 수 있는 것이 아닐까? 엄마라는 이름으로 내 아이에게 지나치게 참견하지 말고, 내 아이를 믿어주자는 이야기를 하고 싶다. 아이를 사랑한다는 이유로 아이의 24시간을 숨 막히게 하는 엄마들에게, 결국 아이들이 엄마에게 벗어났을 때 어떻게 행동하는지, 엄마의 눈을 피해서 어떻게 사는지를 보여주고 싶었다.

  이제는 교사로서 내 아이를 기르는 마음으로 교단에 서서 학생들을 가르치면서 엄마들에게 간절히 당부하고 싶다. 학교 교육을 믿고 맡겨달라고……. 학교가 살아야 이 시대의 학생들도 살 수 있을 것이다. 그래야 당신과 당신의 아이들이 살아가는 이 세상이 바르고 건전하게 되지 않겠는가? 이 책과 함께 엄마와 아이 모두가 행복한 세상이 되길 바란다.

2012년 12월, 한미애

**추천글** - 대한민국 학부모와 교사를 위한 자녀교육의 불편한 진실 • 4
**머리말** - 자녀교육? 문제는 부모에게 있다 • 6

### 제1장
## 0세부터 유치원생 때까지

여자의 세 가지 소망 • 16
엄마의 무지로 뱃속에서부터 고생한 아이 • 21
문제는 엄마의 욕심에서 비롯된다 • 27
15개월, 호환과 마마보다 화내는 엄마가 더 무섭다 • 33
유치원 입학, 어른보다 환경변화에 예민한 아이 • 37
좋은 선생님은 내 아이의 단점을 솔직하게 말한다 • 43
뜻도 모르고 읽는 우리말 바로 익히기 • 47
유치원생 외동아이를 키우는 워킹맘에게 • 51
유치원생 공부? 노는 만큼 성공한다! • 57

## 제2장
## 초등학교를 졸업하기 전까지

초등학교 입학, 선생님으로 변하는 엄마 • 64
논술교육, 초등학생 때만 하지 말라 • 69
아이를 위한 영재교육의 허실 • 73
조기교육보다 적기교육이 필요하다 • 81
부모 자식 관계만큼이나 어려운 친구관계와 사제관계 • 86
독일 유학생활의 교훈 • 93
창의적인 아이로 만들기 위한 교육환경은? • 98

제3장
## 중학생 때부터 고등학생 때까지

중학생, 자존감이 싹트는 시기 • 102
학교폭력과 아이의 자존감 • 110
억지로 시키는 공부가 실패하는 이유 • 116
꿈이 있는 아이는 지치지 않는다 • 121
늦었다고 생각할 때가 지금 당장 실천해야 할 때 • 127
고등학생의 반항심, 가는 말이 고와야 오는 말도 곱다 • 135
아이들이 문제를 일으키는 데는 반드시 이유가 있다 • 141
학교폭력으로 일그러진 교실을 바로 세우려면 • 148
아이들에게 맞추어 수시로 변하는 카멜레온이 되어 • 154
진정한 행복의 조건 • 159
아이 때문에 당당하게 사는 엄마, 부끄럽게 사는 엄마 • 167
특목고 선행학습, 과연 좋을까? • 172
나 하나쯤이야? 나 하나만이라도! • 176
엄마의 믿음과 사랑이 아이의 잠재력을 높인다 • 182
개인차가 무시되는 일그러진 교실 • 187
칭찬은 아이를 춤추게 한다 • 195
가난하다고 꿈조차 가난할 수는 없다 • 199

### 제4장
## 대학에 입학해 사회생활을 준비하기까지

아이의 진로를 결정해 주지 말고, 아이 스스로 선택하도록 하라 • 208
좋아하는 것을 하면 힘든 줄도 모른다 • 212
절망에서 새로운 소망으로 • 216
고맙고 미안하고 사랑한다 • 227

### 제5장
## 교사와 학부모를 위한 행복한 교육법

융합인재 교육을 위해 • 232
꼬리에 꼬리를 무는 유의미 학습 • 239
창의성은 어떻게 길러지는가? • 244
갈수록 중요해지는 과학논술 지도법 • 249
토론교육, 왜 필요한가? • 264
진정한 영재교육의 의미 • 272

# Part 1

# 0세부터 유치원생 때까지

# 여자의 세 가지 소망

여자로 태어나서 가장 큰 소망은 무엇일까? 대부분의 여자들은 세 가지를 소망한다. 내 꿈을 이루며, 멋진 사랑을 하고, 그리고 내 아이를 낳아서 훌륭한 사람으로 잘 기르는 것…….

꿈은 저마다 다르겠지만, 멋진 사랑을 하고 아이를 낳아서 훌륭한 사람으로 기르고 싶은 것은, 나뿐만 아니라 모든 여자들의 소망일 것이다.

내 꿈은 학생들에게 존경받는 좋은 교사가 되는 것이었다. 손가락질 받지 않고, 자타가 공인하는 진정한 스승으로 사는 것……. 교사 생활을 한 지 30년이 된 지금도 나는 날마다 내 자신에게 묻는다.

'지금도 나는 좋은 교사인가?'

이러한 생각이 들 때마다 나는 도종환 시인의 '어릴 때 내 꿈은…'이라는 시를 읊조리곤 한다.

### 어릴 때 내 꿈은…

도종환

어릴 때 내 꿈은 선생님이 되는 거였어요.
나뭇잎 냄새 나는 계집애들과
먹머루빛 눈 가진 초롱초롱한 사내 녀석들에게
시도 가르치고 살아가는 이야기도 들려주며
창밖의 햇살이 언제나 교실 안에도 가득한
그런 학교의 선생님이 되는 거였어요.
플라타너스 아래 앉아 시들지 않는 아이들의 얘기도 들으며
하모니카 소리에 봉숭아꽃 한 잎씩 열리는
그런 시골학교 선생님이 되는 거였어요.

나는 자라서 내 꿈대로 선생이 되었어요.
그러나 하루 종일 아이들에게 침묵과 순종을 강요하는
그런 선생이 되고 싶지는 않았어요.

밤늦게까지 아이들을 묶어 놓고 험한 얼굴로 소리치며
재미없는 시험문제만 풀어 주는
선생이 되려던 것은 아니었어요.
옳지 않은 줄 알면서도 그럴듯하게 아이들을 속여 넘기는
그런 선생이 되려고 했던 것은 정말 아니었어요.
아이들이 저렇게 목숨을 끊으며 거부하는데
때 묻지 않은 아이들의 편이 되지 못하고
억압하고 짓누르는 자의 편에 선 선생이 되리라곤 생각지 못했어요.

아직도 내 꿈은 아이들의 좋은 선생님이 되는 거예요.
물을 건너지 못하는 아이들 징검다리 되고 싶어요.
길을 묻는 아이들 지팡이 되고 싶어요.
푸른 보리처럼 아이들이 쑥쑥 자라는 동안
가슴에 거름을 얹고 따뜻하게 썩어 가는 봄 흙이 되고 싶어요.

'내가 과연 학생들에게 무엇을 가르치고 있는가? 단순한 교과지식을 가르치고 있지는 않는가?'

날마다 일 속에 파묻혀 살면서, 혹시나 학생들과 함께하는 시간에 소홀하지는 않았는가를 반성하면서 날마다 첫 번째 소망인 내 꿈을 이루려 한다. 아직도 나의 꿈은 아이들에게 좋은 선생이 되는

것이다. 내가 하는 소소한 작은 일들이 참선생이 되기 위한 과정인지 날마다 자신에게 반문하면서…….

나는 두 번째 소망도 이루었다. 어느 날, 나는 멋진 사람과 만나서 결혼을 했다. 처음 만난 순간에 그의 멋진 외모에 반해서 결혼을 결심했기에 만난 지 한 달 만에 결혼을 했다. 결혼이 시작되면 연애가 끝난다고들 하는데, 결혼식장에서의 만남이 네 번째 만남이었으니 다른 여자들과는 달리 결혼한 후부터 남편을 사랑하기 시작했다.

나는 참으로 운이 좋은 여자였다. 그렇게 만난 남편은 항상 내가 존경할 수밖에 없는 인품을 지녔고 변함없이 멋진 사람이었다. 결혼한 지 26년이나 되었지만 아직도 그를 보면 가슴이 설레곤 한다. 그러니, 두 번째 소망은 충분히 이룬 셈이다.

나의 세 번째 소망! 안타깝게도 나는 그것을 가장 만만하게 이룰 수 있을 것이라고 착각했다. 멋진 곡식을 얻으려면 봄날 이른 새벽부터 부지런을 떨면서 열심히 일하면 되는 것이 아닌가? 아이를 낳아서 정성을 다하면 문제없을 거라고 여겼다. 게다가 나는 남들 못지않게 사랑을 듬뿍 주리라 다짐을 하면서 내 아이를 낳고 싶었다.

그런데, 시작부터 난관에 부딪혔다. 임신이 시작되면서 입덧이 얼마나 심했는지 물 한 모금도 먹지 못하고 계속 구역질만 해댔다. 입덧으로 죽는 사람은 절대로 없다는 어른들의 말씀을 굳게 믿고 견디려 했건만, 야밤에 응급실에 세 번이나 실려 갔다. 심지어는 병원에 두 차례나 입원하기도 했고, 병원에서 죽어도 좋다는 서약서를 쓰고 쫓겨나기도 했다.

　혹시나 내가 이 아이를 낳다가 죽는다면? 임신한 지 5개월이 되는 날부터 그런 비극적인 일이 일어날 것에 대비해 날마다 아이를 위한 유서와 같은 일기를 쓰기 시작했다. 만약 그렇게 된다면, 내가 기르지는 못하더라도 나의 세 번째 소망대로 훌륭한 사람으로 성장하기를 바랐다. 엄마가 뱃속에 있을 때부터 너를 얼마나 사랑했는지, 엄마의 소망이 무엇인지를 아이에게 알리고 싶었다.

　다행히 무사히 아이를 낳았다. 그리고 나는 죽지 않고 살아남았다. 당연히 내 생명을 걸고 소중하게 얻은 아이라서 더욱 많은 사랑을 쏟으면서 기르고 싶었다.

　그런데, 결과적으로 그렇게 하지 못했다. '내 아이를 낳아서 훌륭한 사람으로 잘 기르겠다'는 세 번째 소망은 생각만큼 쉽게 이룰 수는 없었다. 왜 그랬을까? 그것은 바로 엄마들이 흔히 저지르곤 하는 실수, 내가 못다 이룬 꿈을 우리 아이가 이루었으면 하는 헛된 바람 때문이었다.

# 엄마의 무지로 뱃속에서부터 고생한 아이

앞에서도 고백했지만 나는 임신 중에 심한 입덧으로 고생했다. 출산 날까지도 제대로 먹지 못하고 물만 먹어도 구토를 해대는 어려운 상황 속에서도 나는 씩씩하게 교사생활을 했다.

보통 입덧은 임신 5~7주에 시작되어 14~16주면 끝난다고 하는데, 나는 체한 것처럼 속이 답답하더니 구토가 심하게 시작되어 그제야 임신인 것을 알았다. 그리고 그 입덧은 아이가 세상에 나오기 전날까지 나를 괴롭혔다.

입덧은 아기가 엄마에게 자신의 존재를 처음으로 알리는 신호와도 같다. 그것은 아이를 내 몸으로 느끼게 되는 첫 신호인 셈이다.

아이가 내게 보내오는 신호는 너무나 명확해서 나를 힘들게 했다. 음식은 물론 물조차 삼킬 수 없는 상황이 되어 탈수와 빈혈이 함께 왔다. 태교가 중요한 것을 알기에 토하고 나서도 즐거운 얼굴을 해보려고 아무리 애를 써도 그 고통은 줄어들지 않았고, 시간이 흐를수록 입덧은 나를 괴롭혔다. 하루 종일 속이 답답하고 메스꺼웠다. 아침에 눈을 뜨면 새로운 하루의 시작에 감사하며 행복한 마음으로 하루를 열고 싶은데, 그 시간이 하루 중 가장 힘들었던 것 같다. 그래서 '입덧'이 영어로 'Morning sickness'라고 하는 건가?

실제로 태아는 모체로부터 영양상태와 정신상태 등 많은 영향을 받기 때문에 태교는 중요한 법이다. 그리고 태교 중에서도 가장 중요한 것이 바로 음식태교이다. 하지만 사랑스런 내 아이를 위해 음식부터 가려서 잘 먹고 싶었는데, 그렇게 할 수가 없었다. 제대로 된 음식을 먹지 못하고 하루 종일 구토만 해대는 엄마를 느끼면서 내 아이는 얼마나 고통스러웠을까?

사람들은 입덧을 하면서도 가끔은 먹고 싶은 것이 생각난다고 하는데, 나는 먹고 싶은 것이 생각나기는커녕 사람들이 내게 가까이 다가와도 그들에게서 역겨운 냄새가 나서 숨쉬기조차 힘들었다. 임신 6개월 때 교직원 신체검사를 해서 체중을 쟀는데, 임신 전에 50킬로그램이었던 체중이 42킬로그램이었으니, 임신 중에 얼마나 힘들게 살았는지를 짐작할 수 있을 것이다. 그래도 악을 쓰면서 그 몸으로 열심히 살았다. 내 학생들과 내 아이를 지키기 위해……. 그러다가 쓰러지면, 병원으로 실려가 영양주사를 맞아가면서 버텨냈다.

태아는 임신 3개월이면 청력이 발달하여 엄마의 뱃속에서 음악을 들을 수 있다. 그 사실을 알게 된 나는 클래식 음악을 들으며 책을 열심히 읽어주었다. 잘 치지도 못하는 피아노 앞에서 딩동댕 동요를 쳐보기도 하고, 구구단도 외워주면서 아이의 교육을 위해 노력했다.

미적인 감수성을 기르게 하는 태교도 중요하다. 나는 미술에는 소질도 관심도 없기 때문에 내 모자란 능력을 내 아이가 혹시나 닮게 될까 봐 과학실과 학교 복도의 과학 게시판의 환경미화를 새로 하겠다고 하고는, 남산만 한 배를 뒤뚱이면서 그림을 오리고 붙이면서 새로 꾸미는 작업 등에 주력했다. 교실 환경미화도 수시로 바꾸면서 학생들과 늦게까지 남아서 교실을 아름답게 꾸미려고 노력했다. 보다 예쁘게 오려서 붙이고 꾸미려 애썼다. 못 그리는 그림도 그려보며, 내가 가지지 못한 예술적 감각을 내 아이가 가지고 태어나 주기를 소망했다. 얼마나 부지런히 내 손을 움직여주었는지 모른다.

임신 6개월이 지나면서였던가? 혼자 있는 시간에 조용히 음악을 들으면서 박자에 맞춰서 배를 두드려주면 정말 거짓말처럼 내 아이는 박자에 맞춰서 나의 배 안에서 움직이면서 엄마에게 신호를 보내주곤 했다. 얼마나 사랑스러웠는지 모른다. 아직도 세상에 나오지 않은 내 아이를 나는 그렇게 사랑했다.

엄마의 목소리를 들려주기 위해 노래도 열심히 부르곤 했다. 그런데, 이 일로 큰 사건이 터지고 말았다. 우리 아이의 출산예정일을 한 달 앞두고 내가 다니는 교회에서 지역감리교 연합 부흥사경회가 있었다. 그 당시에 나는 아이를 위해 더욱 열심히 성가대에서 활동했는데, 부흥회에서 특별 찬양을 하는데 성가 곡의 한 파트를 솔로로 부르는 부분을 내가 맡게 되었다. 그날엔 어찌나 사람이 많이 왔는지, 나는 힘껏 노래를 불렀다. 혹시나 내 목소리가 작으면 성가 곡 전체를 망칠까 봐 겁이 났고, 또 내 아이가 잘 들어주면 얼마나 좋을까 싶어서…….

하지만, 일이 생긴 것이다. 그날 밤부터 배가 아래로 처지면서 아프기 시작했다. 노래를 할 때의 호흡은 다르기 때문에 그렇게 무리해서 노래하는 것은 안 된다고들 했는데, 나는 왜 그렇게도 무지했던지……. 그저 아이를 위해 다양한 활동을 열심히 하면 좋겠다는 생각에 밥도 제대로 먹지 못하고 가끔 병원에 들러서 영양주사를 맞으면서 간신히 버텨냈다. 그 힘든 시간들을 '아이를 위해……'라는 명목으로 참고 견디면서 무지하게 살아나갔던 것이 실수였던 것 같다. 배가 자꾸 아래로 처지고 하루가 다르게 거동이 불편해졌다.

예정일이 9월 17일이라서 9월 10일부터 산가를 낼 생각이었는데, 8월 30일에 퇴근하려고 책상 서랍 문을 잠그면서 생각해 보니 아무래도 기분이 찜찜했다. 교시선생님에게 8월 31일의 오전 수업을 모두 오후로 바꿔달라고 해놓고는, 병원에 연락해 8월 31일 오전진료를 예약했다. 그래서 8월 30일에는 늦은 시간이 되어서야 퇴근을 했다.

집으로 돌아와서도 어찌나 몸이 무거운지, 이리저리 누워도 불편했다. 저녁도 제대로 먹지 못한 상태에서 잠을 설쳤더니 새벽 두 시쯤에 양수가 터져버렸다. 또 119를 불러서는 응급실 문을 두드려야 했다. 남편은 다음 날, 수업을 오후로 미뤄놓았던 학교에 '오전에 한미애 교사가 아들을 낳았기에 출근하지 못한다'는 소식을 전화로 알려줘야 했다. 이 소식을 들은 동료 교사들은 어떤 표정을 지었을까?

유도분만을 통해 내 아이는 8월 31일 오전에 이 땅에 나온 것이다. 뭐가 그리 급했는지? 엄마가 매일 들려주던 목소리를 직접 듣기 위해서였을까? 아니면, 엄마가 몸 관리를 제대로 못해서였을까? 나중에 알게 되었는데, 만삭이었을 때 그렇게 노래를 부르는 것은 무지한 일이라고 한다. 그런데, 어느 누구도 그러한 상식에 대해 이야기해 주지 않았던 것이다.

1988. 5. 10. 화요일. 맑음

내 아이가 내 안에 있다는 사실, 그것은 결코 작은 일이 아니다.
내 일생에 있어서 가장 복되고 기쁜 일이리라.
그토록 좋은 일인 만큼 부과되는 고통도 큰 것인가?
날마다, 아니 순간마다 갈등을 겪는 듯한 느낌을 갖는다.
한 모금 물을 들이킬 때도, 한 수저 밥술을 더 넣을 때도 나는 긴장을 해야
만 한다. 그리고 순간마다 빌어야 한다. 무사히 넘어가 주기를, 제발
무사히 소화되어 주기를…… 머리 끝부터 발끝까지 어느 기관 하나
온전히 돌아가 주는 구석이 없는 듯함을 느끼며 산다. 걸을 때도 힘들고
앉아 있어도, 말하는 순간도 그 고통스러움은 여전하다. 염치를 무릅
쓰고 꺽꺽거리며 하루 일을 해나간다. 남에게 혐오스러움을 줄 수도
있을 나의 순간순간 그 못된 행위, 그것은 무엇으로도 변명하지 않으
리라. 내 안에 있는 고통의 신분을 왼통 표현되지 아니한 상태의
뜻을 행위임을 어쩌랴. 실제의 나는 그 보여진 행위보다 더 고통스러운데…
나는 죽음과 함께 순간을 산다.
생명을 잉태하기 위한 오랜 몸부림이게 스스로를 대견스러워하며
축축 하루를 넘긴다.
아, 오늘이 만 2개월이 되는 날이야!! ……
울어야 할까? 웃어야 할까?
죽음보다 더 진한 아픔이라고 표현하고 싶다. 이제껏의 아픔들을
말이다. 내가 죽음으로써 견뎌낼 푸른 싹을 기대하며, 서서히 나는
썩어져 가는 과정이었으리라. 나의 분신, 또 하나의 '나'를 창조
하기 위한 위대한 작업(?) 과정은 실로 위대한 고통 속의 여정이었다.
내 아이를 내 안에 지니고 있다는 사실,
그것은 정말 위대한 신의 섭리 속에서 어떠한 고통도 참고
이겨야 할 가치가 있는 일임을 절실히 깨닫게 된다.
  "아가야.
  엄마는 힘들어도 너의 존재를 생각하며 웃는단다. 그보다
  네가 내 안에 있다는 사실이 더욱 크고 좋은 일이니까.
  엄마는 행복해.——"

● 내 아이가 내 안에 있다는 것, 그것은 세상 모든 엄마들에게 가장 큰 기쁨이다.

# 문제는 엄마의 욕심에서 비롯된다

1988년 8월 31일……. 아이와의 첫 만남, 누구나 그렇겠지만 기다리고 기다렸던 내 아이와의 첫 만남은 드라마틱하게 펼쳐졌다. 병원에서 내 아이를 처음 만났을 때, 얼마나 가슴이 뛰었는지 모른다. 과연 누구를 닮았을까?

나를 그렇게나 힘들게 했던 녀석이 새근새근 잠든 모습을 보면서 열 개의 손가락과 발가락을 모두 갖고 태어나준 것에 감사했고, 엄마와 아들 모두 건강한 것에 대해서도 감사했다. 세상에 나보다 더 행복한 여자가 또 있을까, 하는 생각을 했다. 나를 닮은 내 아이가 이렇게 세상에 나와준 것도 감사했고, 내 뱃속에서 9개월을 함께 호흡하며 몸 안에서 느껴왔던 내 아이가 밖으로 무사히 나와서 나를 만나준 것에 감사했다.

그런데, 아이를 들여다보면서 점점 욕심이 커지는 것은 무엇 때문일까? 나는 아이를 바라보면서 내가 이루지 못했던 꿈을 이 아이가 대신 이루어주기를 나도 모르게 바랐다. 내 머릿결은 가늘고 푸석거리지만 내 아이의 머리카락은 곧고 강하기를 바랐고, 내 얼굴은 둥그렇고 평범한데 내 아이는 갸름하고 잘생긴 얼굴을 가지길 바라며 아이를 바라보았다. 왜 코는 나를 닮았을까? 아빠의 코라도 닮았더라면 지금의 모습보다 훨씬 나을 텐데…….

그때는 왜 그랬을까? 왜 나는 내 아이가 숨김없이 내 모습을 닮은 것에 그렇게도 불만을 느꼈던 것일까? '콩 심은 데 콩 나고 팥 심은 데 팥 난다'는 말이 있다. 유명한 과학자 멘델(Gregor Mendel)도 '유전의 법칙'을 주장한 바 있다. 이는 어쩔 수 없는 이치인 셈이다. 하지만 그때 나는 나보다 훨씬 나은 아이가 태어나지 않은 것에 불만을 느꼈던 것이다. 아이와의 첫 만남에 대한 기쁨도 금세 잊어버리고, '욕심'을 키웠던 것이다. 그리고 그 욕심이 엄마 자신과 아이 모두를 망치는 것이다.

임신 기간 중에 나는 과학적인 유전의 원리를 알면서도 어른들이 보다 예쁜 아이를 낳는 비결이라고 알려준 대로 정성스레 따라했다. 이것이 과연 얼마나 효과가 있을지에 대한 한 치의 의구심도 갖지 않고 그대로 해보았다. 잘생긴 아이의 사진을 걸어두고, 그 사진 속의 얼굴을 시간이 날 때마다 바라보면서 나와 내 남편의 얼굴로서는 조합이 어려울 법한 아주 멋지고 잘생긴 다른 아이가 태어나주기를 기대한 것이다. 그리고 두 손 모아 기도도 했다. 지혜로우며 훌륭한 아이를 주세요, 하면서 외모에 대한 기도도 빼놓지 않았다.

"하나님, 다른 것은 몰라도 제발 눈썹은 저를 닮지 않게 해주시고, 입술은 남편 입술보다는 제 입술을 닮게 해주세요. 키와 몸매는 꼭 남편을 닮게 해주시되, 어깨는 남편의 어깨가 굽어서 볼품없으니까 그건 절대로 닮지 않게 해주세요. 절대로!"

이렇게 구체적인 바람을 담아 기도를 열심히 했건만 태어난 우리 아이는 정확하게 내 눈썹을 닮았고, 내 남편의 입술을 쏙 빼닮았다. 어깨가 구부정한 것은 멀리서 보면 남편의 축소판이었다. 지금 생각해 보면 그때의 나 자신이 부끄러워진다.

어느 날, 온 집안 식구들이 모여서 누워 있는 내 아이의 생김새를 놓고 이야기를 나누었는데, 나는 무심코 말했다.

"저보다는 아기가 그래도 아빠를 많이 닮아서 다행이에요."

그 말이 떨어지자마자, 시누이는 눈을 휘둥그레 뜨면서 내게 한마디를 퍼부었다.

"우리 오빠가 저렇게 촌스럽게 생겼단 말이야?"

나는 그날 밤, 그 말 속에 들어 있는 수많은 의미를 생각하면서 소리 없이 혼자서 흐느꼈다. 이게 바로 여자의 삶이구나 싶어서 서러움이 밀려왔다.

지금 생각하면 그냥 농담으로 웃어넘길 수도 있는 이야기였는데, 아이에 관한 한은 그렇게 되지 않았던 것 같다. 그래서 더 아이에게 욕심을 부리게 된 것인지도 모른다. 엄마와 아이 모두를 망치게 하는 욕심을…….

그런데, 아이를 키울 때 엄마는 하루에도 몇 번씩 거짓말을 한다. 왜 엄마는 거짓말을 할까? 내 아이가 다른 아이와는 달리 유난히 똑똑하고 뭔가 다르다는 것을 확인하고 싶고, 자랑하고 싶어서가 아닐까? 그래서 엄마들은 남들 앞에서 '우리 아이는 걸음마를 벌써 시작했어요. 우리 아이가 저한테 엄마라고 또박또박 말했어요'라고 거짓말을 하는 것이다.

생후 10일 정도밖에 안 된 아이에게 나는 멋진 선물을 해주고 싶었다. 그 당시에는 신생아를 위한 옷이 배냇저고리밖에 없었기에 우리 아이를 위해 손수 예쁜 옷을 만들어주고 싶었다. 내가 가장 소중하게 여겼던 예쁜 분홍색 티셔츠를 뜯어서 손바느질로 우리 아이를 위해 한 벌의 예쁜 옷을 만들어주었다. 아이가 불편하든 말든 나는 그렇게 내가 만들어준 옷을 입고 누워 있는 아이의 사진을 찍고는 자아도취에 빠졌다. 그리고 저녁시간이 되자 남편에게 자랑했다. 우리 아이를 위한 첫 선물이 어떠냐고 자랑한 것이다.

그러자 남편의 얼굴이 썩 좋지 않게 변하더니, 내게 물었다. 이 선물이 정말 이 아이를 위한 것이냐, 당신 자신의 만족을 위해 이 아이를 도구로 여기는 것은 아닌지 생각해 보라는 것이었다.

"우리 아이는 배냇저고리가 더 편할지도 몰라. 제발 쓸데없는 일에 애쓰지 말고 이 아이를 위해 지금 당신이 무엇을 해야 할지를 곰곰이 생각해 보았으면 좋겠어. 당신이 교사이니까 교육의 전문가인 것은 인정하겠는데, 왠지 당신이 가 없다는 생각이 드네……."

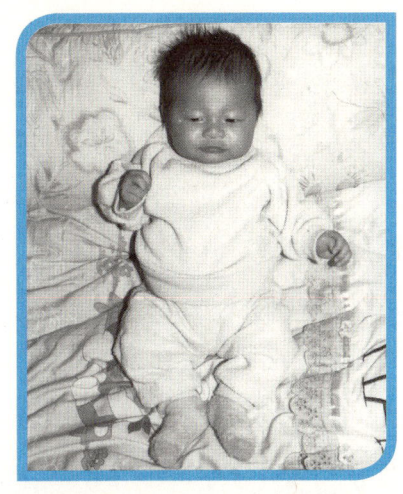
● 생후 14일, 엄마가 만들어준 옷을 입은 아이의 모습.

그 당시에는 남편이 건넨 이 말들이 왜 그렇게도 서운하게 들렸었는지 모른다. 아마도 나뿐만 아니라 대부분의 아내들은 남편이 자존심에 상처를 주는 말을 던지면, 분명 서운해할 것이다.

하지만 나중에 생각해 보니, 남편이 내게 건넨 이 말은 틀린 말이 아니었다. 아이가 어느 정도 자랄 무렵에 나는 아이를 위해 뜨개질을 하다가 그만둘 수밖에 없었다. 아이의 스웨터는 뜨개질을 하는 데 드는 실 값보다 더 싸게 살 수 있다. 엄마들이여, 뜨개질을 하는 시간에 아이와 눈을 맞추면서 더 많은 관심을 가지고 사랑을 나누면 어떨까? 요새는 맞벌이 부부가 많아서 육아에만 전념하는 엄마가 드문 편이다. 나처럼 맞벌이를 하는 엄마라면 아이와 함께하는 시간이 분명 적을 것이다. 그러니 시간 낭비하지 말고 아이와 그 시간을 소중히 보내길 바란다.

　태어난 지 얼마 안 된 아이가 대답할 리도 없건만, 나는 시간 날 때마다 아이와 눈을 맞추고 이야기를 해주었다. 어느 날부터인가 아이가 뜻 없는 옹알이를 하는데, 그 말을 '엄마'라는 말로 알아들었다. 벌써 우리 아이가 '엄마'라고 나를 불렀다면서 세상을 얻은 듯 기뻐하고 자랑하기도 했다.

　아이가 성장하는 과정에는 모두 개인차가 있기 마련인데도 끝없이 다른 아이들과 비교하면서 희비가 엇갈렸다. 나는 아이의 우연한 행동 하나하나에 모든 인생을 걸기라도 한 듯 예민하게 반응하며 천국과 지옥을 날마다 오르락내리락했다.

　내 아이는 돌이 다 되어서도 걷지를 못하는데, 다른 아이는 10개월 전에 걸었다는 소리를 듣고는 방정맞게도 혹시 내 아이의 다리에 문제가 있는 것은 아닌지 의심하고 병원에 달려가 보았다. 기다리지 못하고 온갖 방정을 떨던 거짓말쟁이에다 욕심쟁이 엄마는 조금씩 엄마로 성장해 갔다.

# 15개월, 호환과 마마보다 화내는 엄마가 더 무섭다

아이가 15개월이 되면서 걷기도 하고 조금씩 뛰기도 했다. 아이는 여기저기에 엄마를 화나게 하는 사고를 자주 저질러 놓았다. 아직은 선악의 개념도 없고, 무엇이 옳고 그른지를 모르는 아이에게 나는 얼마나 버럭 소리를 지르면서 야단을 쳤었는지 모른다. 내가 이 아이를 사랑하지만, 제대로 된 교육을 시켜보겠노라고 아직 무엇이 잘못되었는지 이해할 수 없는 아이에게 화를 냈다……. 

엄마가 야단을 치면서 교육을 시킬 때마다 내 아이는 크게 울어댔다. 시부모님들은 금쪽같은 장손이 울 때마다 두 분 모두 안절부절못하시고 쫓아오셨다. 이대로 두면 아이가 버르장머리 없는 아이

● 첫돌이 되어갈 무렵에 아이는 기어다니면서 놀았다. 그러나 걷기도 하고 뛰기도 하면서 말썽을 피우기 시작했다.

로 자라게 될까 봐 걱정되었다. 그래서 그럴 때마다 아이의 편을 들어주시는 두 분이 못마땅했다.

남편과 나는 주말부부였다. 시부모님과 남편이 아이를 도맡아 기르고 있는 상황에서, 내 아이가 교육을 제대로 못 받고 점점 버릇없는 아이로 클까 봐 두려웠다. 게다가 어느 날부터인가 내 아이는 엄마 곁에 오는 것을 꺼려했다. 항상 무서운 엄마보다는 모든 것을 너그럽게 받아주는 아빠를 더 따랐다.

생각해 보면 내 아이는 자신의 버릇을 고친다는 이유로 야단치고 화를 내는 엄마가 무서웠을지도 모른다. 엄마가 왜 자기에게 화를 내고 야단을 치는지 몰라서 두려움에 떨며 우는 아이……

정신분석학의 창시자 프로이트(Sigmund Freud)에 의하면 '공포'보다 더 무서운 것이 '두려움'이다. 공포는 정체를 알 수 있는 무서움인데 반해, 두려움은 정체를 알 수 없는 무서움이다. 즉 공포는 그것을 일으키는 대상이나 원인이 있는 반면에, 두려움은 그 원인을 알 수가 없다. 그러니 공포보다 두려움이 더 무서울 수밖에.

그때 내 아이는 엄마에게 두려움을 느꼈을 것이다. 아이는 엄마가 왜 화를 내는지 도무지 알 수 없었기에 두려움에 떨었던 것이다. 그리고 도저히 이해할 수 없는 엄마의 엄한 교육을 받으면서 영문도 모르는 채 점점 가혹해지는 엄마의 폭력을 꼼짝없이 당하면서 살게 된 셈이다.

여러분 중에 혹시 나처럼 아이에게 두려움을 안기고 있는 분이 있다면 지금 당장 자기 자신을 바꾸자. 물론 나를 바꾼다는 것은 쉽지는 않을 것이다. 하지만 그렇게 하지 않으면 당신과 아이의 관계는 걷잡을 수 없이 악화될 게 분명하다. 아이와의 관계뿐만 아니라 인간관계를 하는 데 있어 자신 속에서 일어나는 모든 감정에 대한 책임은 나 자신에게 있다. 그 사실을 인지하고 수긍해야 한다. 그런데 우리는 인간관계를 하는 데 있어 일어나는 자신의 감정 상태들을 상대에게 떠넘기곤 한다.

예를 들어, 아이가 우유를 들고 있다가 엎질렀다고 하자. 이때 감정의 상태는 사람마다 다를 것이다. 어떤 엄마는 아이에게 화를 내며 "그러니까 엄마가 조심하라고 했지!"라고 말한다. 반면에, 또 다른 엄마는 아무렇지도 않게 "조심해야지. 엄마가 닦아줄게. 이리와 봐"라고 반응할 수도 있다. 이때 두 엄마의 감정은 다르다. 똑같은 상황인데 왜 한 엄마는 화내는 감정을, 다른 엄마는 아무렇지도 않다는 감정을 보였을까?

이는 엄마의 감정과 평소의 생각, 생활태도가 반영되어 생긴 감정의 결과이다. 아이가 엄마를 일부러 화나게 하려고 우유를 엎지른 것은 아니다. 아이가 우유를 엎질러서 치우는 것이 번거롭고 우유를 낭비해서 화가 난 것이다. 또한 그 당시에 엄마의 기분이 좋지 않았을 확률도 높을 것이다.

결국 어떠한 상황에서 일어나는 자신의 감정은 상대가 나에게 어떻게 했기 때문이 아니라 자신의 성격이나 사고방식, 그 당시의 자신의 감정상태와 컨디션으로 인해 만들어진 것이다.

이러한 사실을 기억하고, 아이를 대할 때에는 우선 아이가 못마땅해 화가 나더라도 일단 참아보자. 그러면 아이는 엄마에게 두려움보다는 사랑을 느낀다. 이처럼 엄마 자신부터 변화해야 아이에게도 변화가 시작되는 것이다.

## 유치원 입학, 어른보다 환경변화에 예민한 아이

내 아이가 두 돌이 지난 어느 날, 남편이 고등학교 화학책을 가져와서는 나에게 첫 단원인 순물질과 혼합물에 대해 설명해 달라고 했다. 학교 다닐 때는 화학을 좋아했었는데 지금은 모두 잊었다고 하면서……. 그 당시만 해도 교사로서 고등학교 화학을 가르쳐온 지 7년째였으니 자신 있게 열심히 설명해 주었다. 남편은 내 설명을 듣고 웃으면서 학생들이 화학을 재미있어 하느냐고 물었다. 물론 좋아하는 학생들도 있지만 대부분의 학생들이 어려워하고 재미없어 한다고 아무렇지도 않게 대답해 주었다.

그제야 남편은 교사들을 위한 교과교육학이라는 전공이 생겼다고 하니, 학생들을 어떻게 하면 더 잘 가르칠 수 있을지를 공부해 보는 것이 어떻겠느냐고 제안해 왔다. 나에게 한국교원대학교 대학원으로 파견 가는 것에 대해 진지하게 생각해 보라고 한 것이다. 그 당시만 해도 내가 교사로서 부족하다는 생각을 전혀 해본 적이 없어서, 남편의 제안이 좀 의외로 여겨졌다.

"당신은 지금 골목대장에 불과하다는 생각이 들어. 학생들이 착하니까 당신 말을 들어주는 게 아닐까? 당신을 존경하는 스승으로 바라보고 있는 학생이 몇이나 될까? 그냥 교사로 직장생활이나 하면서 살지 말고, 기왕 하는 거 참스승이 되어봐."

그러면서 열심히 사는 모습을 우리 아이가 보고 느끼게 해주는 것도 좋을 것 같다는 이야기도 덧붙여주었다.

"모든 학생들이 당신에게 배웠던 시간들을 소중하게 기억할 수 있을 만큼 실력 있고 능력 있는 교사가 되려면 열정만으로는 부족하다고 생각해. 이쯤에서 더 배우고 와서 다시 교직에 서는 것이 좋을 것 같아."

나는 남편의 제안을 받아들이기로 했다. 한국교원대학교의 파견 교사가 되기 위한 일반대학원 시험을 준비하기 시작했다. 대학 졸업 후 7년째 전공 공부를 놓고 살았는데, 다시 공부를 시작하려 하니 아기 엄마로서는 쉬운 일이 아니었다. 대학원 진학을 결심한 그때부터 8개월가량 시험공부를 하기 위해 4권의 전공 화학책과 토플 영어책, 그리고 교육학 책을 모두 샀다. 합격만 한다면 아들과 더 많은 시간을 보낼 수 있다는 생각에, 그리고 아들에게 떳떳하고 자랑스러운 엄마로 거듭날 수 있다는 기대감에 알 수 없는 에너지가 생기는 것 같았다.

다행히 운이 좋았던지 그해 12월에 합격해서 우리 아이가 네 살이 되던 해부터 나는 다니던 고등학교의 소속교사로서 교원대학교에 파견되어 화학교육을 공부하는 대학원생이 되었다. 아줌마 학생으로서 대학교정을 누비며 공부를 하면서 야릇한 행복을 맛볼 수 있었다. 대학 시절에도 무척 어렵게 여겨졌던 화학수학책을 보면서 미적분 문제를 풀다 보면 날이 하얗게 새기도 했다.

대학 시절에는 그렇게 공부가 재미있지 않았는데, 아기 엄마가 되어서 공부를 다시 시작하고 보니 모든 교과의 공부가 재미있고 신이 났다. 밤샘을 하면서 과제를 했지만 힘들게 여겨지지 않았다. 젊은 동기생들이 내게 힘들다고 하소연해도 나는 여유 있게 웃어주면서 위로해 줄 수 있었다. 사실은 주부와 어머니로서의 삶이 공부보다는 훨씬 어려우니까, 그 점을 생각하면 공부를 할 수 있는 내 상황이 너무나도 과분한 축복의 시간인 것만 같아서 날마다 감사했다.

현대그룹 본사에서 근무하던 남편이 회사를 그만두고 서울감리교신학대학에서 대학원 과정을 마치고 개척교회를 시작했기 때문에, 우리 부부는 금전적으로는 풍요롭지 않았다. 그러나 개척교회 전도사에다 공부하는 초보 엄마는 날마다 행복했다.

그렇게 세상의 어느 가족도 부럽지 않은 행복한 삶을 누리고 있던 어느 날, 석사 과정 2학기 기말고사를 보던 날이었다. 목사님 생활을 은퇴하시고 서울 집에서 조용히 어머님과 함께 우리 아이를 보시는 즐거움으로 사시던 시아버님께서 뇌졸중으로 갑자기 쓰러지셨다. 그 일로 인해 그동안 우리 아이를 돌봐주셨던 시어머님 또한 건강이 악화되셨다. 뇌졸중으로 쓰러지신 시아버님과 뇌성마비로 고생하는 시동생, 그 식구들의 살림까지 돌보려면 내 손길이 절대적으로 필요한데, 퇴직을 하고 가정에 주저앉아 그 모든 일을 할 수도 없는 입장이었다. 남편은 크게 결단을 내리고 다시 내게 제안했다.

나에게 아들을 청주로 데리고 가서 공부하면서 혼자 키워보라는 것이었다. 환자들만 있는 우중충한 서울 집에서 벗어나 아들과 함께 밝은 세상 속에서 살기를 바란다는 것이었다. 그러면서 남편은 자신의 과거를 이야기해 주었다. 가정에 뇌성마비 환자가 한 명이 있는 것만으로도 남편의 가족 전체는 한평생 밝게 웃을 수가 없었다. 혹시나 건강한 다른 사람들이 웃어서 환자 한 사람이 상처를 입게 될까 봐 기쁘고 행복한 일이 있어도 마음껏 기뻐할 수도 행복할 수도 없었다.

시부모님들에게서 벗어나 아이를 내 교육관대로 마음껏 키워보고 싶다고 소망했었는데, 막상 이 제안을 받고 보니 덜컥 겁이 났다. 아무도 도와주는 사람이 없는데, 나 혼자 그게 가능할까?

석사 과정 3학기 때부터 나는 내 아이를 혼자 키우기 위해 교원대 앞 작은 마을에 부엌이 달린 작은 자취방 하나를 얻어서 아이와 단둘이서 생활하기 시작했다. 할머니, 할아버지, 삼촌, 그리고 아빠와 함께 넷이서 서울의 큰 집에서 살던 아이는 작은 방 안에서 엄마와 단둘이 살아야 하는 환경에 한동안 적응하지 못하고 힘들어했다. 잘 웃지도 않았고, 조용히 앉아서 그림만 그리는가 하면, 말없이 그림책만 물끄러미 쳐다보기도 했다.

엄마가 말을 시키면 소리 내지 않고 고개만 끄덕이거나 좌우로 흔들어서 거절의 의사표시를 보내오기도 했다. 엄마와 아빠가 아이의 의사와는 상관없이 자신을 덜컥 다른 세상에 옮겨놓았을 때, 아무 소리도 못하고 당한 내 아이는 그렇게 자신의 힘든 점을 표현한 것이다.

아이는 밤이면 누구보다도 아빠를 찾았다. 아빠가 보고 싶다고 울기도 했다. 아마도 아이는 작은 방이 불편해서 적응하기 힘든 것보다는 항상 자상한 말투로 자신의 눈높이에 맞춰 이야기해 주는 아빠를 매일 볼 수 없다는 사실이 더 힘들었던가 보다. 나는 남편의 어투를 흉내 내며 아이에게 화내지 않고 조용히 말하려고 애를 썼다. 그리고 자주 웃어주고 아이와 뭐든지 함께하려고 했다. 그럴 때마다 아이는 내게 말없이 피식 웃어주었는데, 그 웃음이 어딘가 슬퍼 보이기까지 해서 가슴이 더 아팠다.

주말이면 만나는 우리 부부의 관계는 달라진 것이 없었지만, 아이에게는 변화가 생겼다. 주중에는 아빠와 함께 있다가 주말이 되면 엄마를 만났는데, 이제는 주중에 엄마와 함께 살다가 주말에나 아빠를 만날 수 있는 상황으로 변한 것이다. 이때의 내 아이를 보면서 환경변화에 대한 스트레스는 어른보다 아이가 더 심하게 받는다는 것을 깨달았다. 어른은 모든 상황을 이해하고 적응하기 위해 노력할 수 있지만, 아이는 상황을 이해하지 못한 채 그저 따라야 하는 약자이기 때문인 것이다.

# 좋은 선생님은 내 아이의 단점을 솔직하게 말한다

새 학기가 시작되기 전에 아이가 유치원 종일반 생활에 적응하는 모습을 지켜보기 위해 나는 한동안 아이에게만 집중했다. 유치원에 처음 들어섰을 때 다른 아이들이 뛰어노는 모습을 보면서 흥미 있어 하더니, 내가 아이를 두고 나가자 문을 닫고 나오기도 전에 뒤에서 자지러지게 우는 아이의 울음소리가 들려왔다. 발걸음이 떨어지지 않고 가슴이 떨려왔지만, 저러다 말겠지 하는 생각에 마음을 굳게 먹고는 눈물을 삼키면서 집으로 달려와서는 하루해가 저물기를 기다렸다.

그날 아이를 맡겨놓고 와서 다시 아이를 찾으러 가기까지의 일곱 시간이 어찌나 길던지……. 마치 칠백 년이 지난 것만 같았다. 첫날을 어떻게 보냈는지 궁금해서 달려가 보니, 아이는 하루 종일 밥도 먹지 않고 울었다고 했다. 다음 날, 내 아이가 알아들을 수 있든 없든 최선을 다해 유치원에 다녀야 하는 이유를 차근차근 설명해 주었다. 그리고 유치원 선생님에게 크레파스와 스케치북을 건네주면서 우리 아이는 그림 그리기를 좋아하니, 아이가 울 때 그림을 그리라고 하면 울음을 그칠 거라고 알려주었다. 다른 아이들은 장난감을 가지고 노는 것을 좋아하지만, 슬프거나 심심할 때는 그림을 그리면 안정되는 아이였기 때문이다.

둘째 날은 유치원의 수업 일정을 따라하지 않고 혼자 앉아서 그림을 그렸지만, 울지 않았다고 했다. 일주일 후부터는 홀로 앉아서 그림을 그리는 시간보다는 다른 유치원생들과 함께 노래하고 뛰어노는 시간이 더 많아졌다고 했다. 그렇게 내 아이는 유치원 종일반의 생활에 적응해 갔다.

처음 내 아이가 유치원생이 되었을 때는 하루하루 내 아이가 유치원에서 경험했던 일들에 대해 이야기를 듣는 것이 가장 큰 즐거움이었다. 오늘은 무엇이 재미있었다는 이야기, 누구와 다퉜는데 화해했다는 이야기, 선생님께 칭찬받았다는 이야기 등……. 날마다 내 아이는 새로운 이야기를 하나씩 가지고 와서 나에게 들려주었다.

그런데 시간이 흐를수록 내 아이가 해주는 말보다는 유치원 선생님이 들려주는 말에 귀를 기울이기 시작했다. 내 아이가 다른 아이들보다 그림을 잘 그리고, 손들고 우렁차게 대답을 잘한다는 등의 칭찬을 들으면 내가 잘했다고 칭찬을 들은 것보다 기분이 좋았고, 내 아이가 더 사랑스럽게 여겨졌다.

그러나 다른 아이에 비해 소심하고 눈물이 많으며 고집이 세서 자신이 싫어하는 친구가 와서 놀자고 하면 절대로 상대를 안 해주는 면이 안 좋다는 등 아이에 대한 단점을 이야기해 주면 왜 그렇게 속상하고 그 선생님이 미웠는지 모른다. 그 선생님의 말이 옳은 줄을 알면서도 내 아이의 단점이 부끄러워서였을까? 아이의 단점에 대해 들을 때마다 속상하고 우울해졌다.

그러나 곰곰이 생각해 보면 그렇게 용기 있게 엄마 앞에서 아이의 단점을 이야기해 주는 선생님은 정말 좋은 선생님이다. 세상 모든 엄마들은 무조건 내 아이를 좋게 봐주기를 바라는 것 같다. 이 얼마나 이기적인 생각인가? 아이가 옳든 그르든 자기 아이의 옳은 점만 봐주기를 바라는 것은 모순이다.

교사생활을 하면서도 학교에서 문제를 일으키는 아이의 부모님을 모시고 이야기해 보면 모두가 자신의 아이를 철저하게 믿는다. 그 아이의 잘못에 대해 인정하려 하지 않는다. 무조건 내 아이는 다른 아이들에 비해 착하고 바르다고 믿는 부모들은 정말로 자신의 아이가 잘못되었다는 것을 모를까? 알면서도 우겨대는 것은 옳은 것은 아니다. 그렇게 하면 내 아이의 단점을 절대로 고칠 수가 없다. 그렇게 비뚤어진 아이는 자칫하면 다른 사람을 다치게 하는 위험요소가 될 수도 있는 것이다.

　나는 속이 아프고 쓰렸지만, 나보다는 내 아이의 첫 선생님인 유치원 선생님이 내 아이를 더 잘 가르칠 수 있다고 믿었다. 그분에게 내 아이의 단점을 잘 지도해 주기를 간절히 부탁드린다고 공손하게 인사를 했다. 아이를 선생님에게 맡겼으면 전적으로 선생님을 신뢰하고 믿는 것이 옳다고 생각했기에……. 나는 고등학교 교사였지만, 유치원교육에 대해서는 잘 모른다. 유치원생을 가르치는 것은 나보다 더 전문가이니까 그분을 믿어야 하는 것이 옳은 일일 것이다.

　내 아이는 선생님의 가르침 덕인지, 새로운 환경에 잘 적응하게 되어서인지, 재롱잔치 날에는 혼자서 무대 위를 즐겁게 뛰어다니면서 밝은 모습을 보여주었다.

# 뜻도 모르고 읽는 우리말 바로 익히기

유치원에 다니던 우리 아이는 《아기돼지 삼형제》를 좋아했다. 늑대를 피하기 위해 세 마리의 돼지 삼형제가 지푸라기, 나무, 그리고 벽돌로 집을 지은 것이 재미있었나 보다. 하루에도 몇 번씩 그 책을 읽어달라고 했다.

그러자 아이는 그 책을 한 자도 빠짐없이 모두 외워버렸다. 어느 날부터인가 그 책을 어른들 앞에서 한 자 한 자 또박또박 읽어주었다. 한 자도 틀리지 않고 너무 정확하게 읽었기 때문에 처음에 우리 모두는 글을 읽게 되었다고 놀라워했다.

그러나 나중에 알고 보니, 그 책을 어른들 흉내를 내면서 읽는 척을 한 것뿐이었다. 그래서 이참에 글을 가르쳐야겠다는 생각에 물건마다 한글을 써서 붙여 놓았다. '전화', '책상', '의자', '거울' 등 가는 곳마다 이것이 무엇이냐고 물어보면서 그 글자를 가르쳤다.

그런데, 이 방법은 아이에게 흥미를 주지 않은 것 같았다. 물건 옆의 글자를 가르치면서 무엇이냐고 물으면, 이미 무엇인지 알고 있는데 엄마가 다시 묻는 것이 싱겁고 싫었나 보다. 고개를 돌려 버리고는 대답을 하지 않았다. 다음으로는 한글 조합 카드를 만들어서 가르쳐 보았다.

이것은 '아'라는 카드를 쓰고는 그날에는 '아' 자 하나만을 설명해 주는 것이다. 그리고 '아버지', '아이', '아이스크림'의 첫 자에 들어가는 '아'라고 노래를 불러주면서 함께 놀이를 했다. 하루에 그 하나만을 계속 반복해서 가르쳐주고 칭찬을 해주면서 함께 놀았다.

'아' 자에서 'ㅇ'을 'ㄱ'으로 바꾸고 '가'라고 알려주고, '가방', '가수', '가지'의 첫 자라고 알려주었다. 그러다 진도가 빨리 나가면서 하루에 두세 자를 가르쳐주었고, 나중에는 '가'에 'ㅇ'을 받침으로 쓴 '강' 자를, 그다음으로 '낭', '당'도 가르쳐주었다. 그러다가 '학' 자까지 모두 터득하게 되었다.

우리 아이는 이렇게 하루하루 한 자씩 두 자씩 알게 된 글자의 모양을 조합해 다른 글자에 적용하면서 새로운 글을 읽어가는 것에 흥미를 느끼는 것 같았다. 그렇게 아이에게 한글을 가르치면서 사용한 카드를 아이는 따라서 그렸고, 자신이 만든 카드를 벽에 붙이

● 내가 아이에게 한글을 가르쳐준 방식은, 교육 관련 일 때문에 미국에 초청받아 방문했을 때 배워온 것이다. 미국의 유치원에서는 알파벳 G를 가지고 'Gear' 등의 단어들을 가르쳤다.

도록 했다. 아이가 벽에 붙이는 카드가 하나씩 늘어나면서 아이의 어휘력이 늘기 시작했다. 그리고 이제까지 외워서 읽었던 그림책 속에서 그날 배운 글자와 단어를 찾아내자, 책을 읽는 재미를 새로이 느끼게 된 것 같다.

그 이후로 내 아이는 책 읽기를 즐겼다. 돈이 생기면 먹을 것을 사기보다는 서점에 가자고 졸랐다. 처음에는 서점에 같이 가서 아이가 책을 고르면 내가 그 책을 점검해 주고 돈을 지불하도록 했다. 하지만 초등학교에 들어가서도 책 읽기를 지나치게 좋아해서 공부에 소홀해질까 봐 걱정되었다. 나중에는 아이의 손에 들린 책을 빼앗았지만 그래도 아이는 책 읽기를 그만두지 않았다.

    나중에 깨닫게 된 것인데, 다행히 아이가 비뚤어지지 않고 바르게 성장하게 된 것은 좋은 책을 많이 읽었기 때문이다. 우리 아이는 지금 일본으로 유학을 가서 용돈이 부족한데도 읽고 싶은 책이 있으면 그날의 한 끼 식사를 굶고서라도 그 책을 사서 읽을 정도로 책 읽기를 좋아한다. 그리고 자신이 먼저 읽고 나에게 '이 책은 내게 어떤 면에서 도움이 되었으니까, 엄마도 읽으면 많은 도움이 될 거야' 하면서 책을 건네주기도 한다.

# 유치원생 외동아이를 키우는 워킹맘에게

내 아이는 유치원을 다섯 살부터 일곱 살 때까지 다녔는데, 다섯 살 유치원은 청주에서, 여섯 살 유치원은 속초에서, 그리고 일곱 살 유치원은 진부에서 다녔다. 3년간 유치원을 서로 다른 지역에서 다녔기에 선생님과 교육과정이 모두 달랐다. 덕분에 항상 새로운 유치원생활을 하는 것 같았을지도 모른다.

교원대학교 파견근무를 마치고 복직한 곳이 바로 속초중학교였다. 그 학교로 복직발령을 받았기 때문에 가야만 했다. 내 아이는 속초에서 유치원을 다닐 때는 많이 아팠다. 청주에서 대학원에 다니면서 아이를 데리고 있을 때는 시간이 비교적 많았고 자유로웠지만 여섯 살짜리 아이를 혼자 키우는 엄마에게 병치레를 자주 하는 아이를 키우는 일이 결코 쉽지는 않았다. 아이는 자주 체하고 장염에 걸려서 고통스러워했다. 어느 날에는 바지에 실례를 하고는 갈아입을 옷이 없어서 유치원에서 떨고 있으니 와달라는 전화를 받았다. 쉬는 시간에 아파트로 뛰어 올라가서 아이 옷을 가지고는 유치원까지 무슨 정신으로 뛰어갔었는지 모른다. 백 미터 달리기를 그 속도로 달릴 수 있었다면 나는 분명히 단거리 선수가 되었을 것이다.

아이가 감기에 걸리고 열이 나면 병원 대신 한의원으로 갔다. 우리 시동생이 뇌성마비가 된 것도 열이 심하게 났을 때 해열제를 잘못 먹였기 때문이다. 시어머니는 아이에게 절대로 해열제를 함부로 먹이지 말고 병원에도 함부로 가지 말라고 하셨고, 나는 그 말씀을 따랐다. 한의원에서 지어주는 한약을 잘 달여서 알맞게 데워서는 시간에 맞춰 유치원까지 달려가 아이에게 먹여달라고 부탁했다. 그리고 다시 학교로 돌아왔다.

그때는 아이 외에는 그 어느 것도 중요하지 않았다. 아이가 아침에 일어나 갑자기 열이 나고 헛소리를 하는 날에는 아픈 아이를 아파트에 혼자 두고 올 수가 없었다. 그렇다고 학생들이 기다리는데, 학교를 지각할 수도 없지 않은가. 아이를 업고 학교로 출근을 해야 했다. 덩그러니 과학실에 아이를 숨겨두고는 아이 혼자 과학실에서 비디오를 보게 하거나 그림을 그리게 했다. 어느 날 조심스럽게 교감선생님께 말씀드리니 교감선생님이 봐주시겠다고 하셨다. 얼마나 그

분이 고마웠는지 모른다.

　수업하는 교실의 뒷자리에 내 아이를 앉혀놓고 수업을 한 날도 있었다. 지금 같았으면 학부모들로부터 항의전화가 오고 난리가 나지 않았을까? 중학생 형들이었기에 학생들은 내 아이를 귀엽게 봐주고 함께 장난치면서 놀아주었다. 그렇게 하루를 보내고 나면 내 아이는 언제 그랬느냐는 듯이 빙긋이 웃으며 내 손을 잡고 함께 퇴근했다. 다른 동료교사들이 손가락질을 한다고 해도 내게는 체면보다 내 아이가 더 소중했기에 어쩔 수 없었다. 학생들에게 떳떳하고 존경받는 프로 선생님이 되기 위해 파견근무까지 해서 공부를 하고 복직을 했건만 유치원생 아이를 키우는 엄마는 다른 것은 생각할 겨를이 없었다. 오로지 아이를 키우는 일 외에는……. 

　그러던 어느 날 같은 학교의 영어선생님이 한 가지 제안을 해왔다. 그 선생님에게는 딸이 둘 있었다. 큰애는 우리 아이와 같은 나이였고, 둘째 아이는 다섯 살이었다. 남편이 있지만 늘 은행일로 바빠서 혼자 아이 둘을 봐야 하는 상황이니, 우리 둘이서 같이 아이들을 돌보자고 했다. 나는 그 당시에는 차가 없었는데, 그 선생님의 차를 얻어 탈 수 있어서 무엇보다도 좋았다. 게다가 우리 아이에게는 친구가 생겼다. 저녁시간이면 두 여자 친구와 두 엄마가 함께 보아주는 가운데 놀게 된 것이다.

　저녁을 먹고 나면 그 영어선생님은 아이들에게 영어 비디오를 보여주면서 영어교육을 시켰다. 우리 아이도 두 친구들과 함께 영어비디오를 보면서 놀이를 하듯 즐겁게 한 단어씩 배워가면서 즐거워했다. 우리 아이가 그렇게 영어공부를 즐길 수 있다는 것이 놀라웠다. 나는 과학 비디오를 가져와 보여주기도 했고, 부엌에서 쉽게 할 수 있는 재미있는 화학실험 등을 보여주고 설명해 주면서 그렇게 저녁 시간을 함께 보냈다.

속초에서 영어선생님과 둘이서 세 아이를 돌보았던 그 시간들은 매우 의미 있고 소중한 시간이었다. 좋은 엄마가 되어보겠다고 퇴근 후 아이를 붙들고 혼자서만 애를 쓰는 것보다는 우리 두 엄마가 서로의 전공을 살려서 아이들과 함께한 것은 지금 생각해도 매우 잘한 일이었다. 요새는 출산율이 낮아서 외동아이를 둔 부모들이 많다. 아이에게 형제나 자매가 없는 경우에는 엄마와 단둘이 있는 것보다는 여러 사람이 함께 어우러져서 저녁시간을 보낼 수 있는 것이 좋다. 그래야 아이의 인성도 좋아질 수 있는 것이다.

아이들에게 동화책을 재미있게 읽어주는 것도 내 몫이었다. 다양한 목소리로 재미있게 읽어주고 중간 중간에 이야기를 잘 들었는지 질문도 했다. 그러면 세 아이가 서로 질문에 답하려고 즐거워하는 모습도 볼 수 있었다. 세 아이 모두 이전보다 더 밝아지고 잘 놀았다. 그렇게 두 엄마가 돌아가면서 세 아이를 보는 시간은 우리 두 엄마들에게도 의미 있는 시간이었다. 그리고 병약했던 우리 아이의 건강상태도 차츰 좋아지게 되었다.

마음이 아프면 몸도 아프다 했던가? 앞에서도 말했듯이 속초에

● 6살짜리 아이와 놀아주는 아빠. 남편은 늘 아이의 행동을 지켜봐 주었고, 아이는 그런 아빠를 유독 잘 따랐다.

처음 갔을 때 우리 아이는 많이 아팠다. 서울과 멀리 떨어진 속초로 와서 한 달에 두 번밖에 아빠를 볼 수 없게 되었고, 아빠를 향한 그리움 때문에 아프게 된 것 같다. 우리나라에서 두 번째로 아름다운 고장이라고 하면 서러워할 속초 땅에서 바다와 산을 보여주며 함께 나들이를 즐겁게 다녀도 내 아이는 많이 아팠었다.

아이들은 아름다운 환경보다는 사람을 더 그리워하고 좋아한다. 그리고 아이들은 어른보다 사람으로 인한 상처를 더 크게 받는다. 어른처럼 말로 표현하지 못할 뿐이지 더 많이 슬퍼하고 힘들어한다. 우리는 가끔 아이들이 어리다는 이유로 그들의 감정을 무시할 때가 있다. 여러분 중에 혹시 아이 앞에서 화를 내는 분이 있다면, 이제부터라도 태도를 바꾸길 바란다. 대부분의 아이는 부모가 화를 내면 그 감정을 이해하지만 두려워서 못들은 척하고는 숨으려 한다. 또한 어른들은 아이가 귀찮게 하면 어리다는 이유로 그들에 대한 배려 없이 "저리 가 있으라"고 소리를 질러대기도 한다. 이때 아이들은 여리고 감성이 예민하기 때문에 상처를 받기도 하고 두려움을 느낄 수 있다.

# 유치원생 공부?
# 노는 만큼
# 성공한다!

　일곱 살이 되면서 아빠와 자주 만나게 해주고 싶어서 1년 만에 서울에서 조금 가까운 곳인 진부로 이사를 왔다. 그런데, 우리 아이는 새로운 유치원에 입학한 첫날부터 문제를 일으켰다. 유치원 입학식을 마친 지 두 시간도 안 되어서 유치원에서 급하게 전화가 왔다. 우리 아이가 없어졌다는 것이다. 새로 이사 와서 아는 곳도 없는 녀석이 어디를 갈 리도 없었다. 아마도 어딘가에 숨어 있을 게 뻔하다고 여겨서 집 안 곳곳을 뒤지니, 신발을 들고 들어가 주인집의 안방에서 너무나 태연하게 책을 읽고 있었다.
　속초나 청주에서는 유치원에서 집까지는 걸어서 올 수 없는 거리였고, 아직은 어리니 엄마가 데리러 올 때까지 도망 나올 생각을 못 했을 것이다. 그러나 진부는 유치원이 집에서 걸어가도 될 만큼 가까운 곳에 있었으니, 이번을 계기로 기회만 있으면 유치원에서 도망 나올 것 같아서 눈물이 나도록 따끔하게 야단을 쳐야 했다.

그런데 아이가 가슴 아픈 이야기를 했다. 이곳 유치원에서 다른 아이들은 친구들과 모두 사이좋게 노는데, 자기는 친구가 없어서 이곳 유치원이 싫다는 것이었다. 그러면서 여기서도 1년만 있으면 다른 데로 갈 것이냐고 질문을 했다. 아이의 입장에서는 정들만 하면 이사를 가서 친구들과 헤어지게 되었으니, 엄마가 원망스러울 수도 있을 것 같았다.

일곱 살이 되면 아이가 반항을 한다고 하는데, 일곱 살이 되면서 우리 아이는 싫고 좋은 것을 분명하게 표현했다. 엄마와 단둘이 있는 날에도 아이는 아무도 없는 곳에서 꽁꽁 숨어서 자신만의 세계를 갖고 싶어 했다. 책상 밑에 숨어서 책을 읽기도 했고, 그 어둑한 작은 공간에서 혼자 중얼거리면서 놀기도 했으며, 그림을 그리고 놀면서 행복해했다.

나는 아이가 혼자서 아늑하게 숨어서 놀 수 있는 아이만의 둥지, 작은 집을 사주었다. 우리 아이뿐만 아니라 이 시기의 아이들은 대부분 혼자만의 아늑한 공간을 좋아하게 마련이다. 그 작은 텐트 안에서 우리 아이는 초등학교 4학년 때까지 혼자서 조용히 책을 보기도 했고, 그림을 그리기도 하면서 잘도 놀았다.

진부에 새로 부임했을 때 그 학교에서 함께 근무하게 된 선생님 중에 일곱 살짜리 딸아이를 혼자 키우고 계신 음악선생님이 있었다. 그 아이도 우리 아이처럼 말이 없고 고집스러운 데가 있는 전형적인 A형의 아이였다.

그런데 작곡을 전공하신 음악선생님의 딸아이는 이미 바이엘을 치고 있었다. 그 아이를 본 우리 아이는 곧 그 아이를 따라서 피아노학원을 함께 다니며 즐거워했다. 나는 두 아이가 피아노를 치면서 함께 놀도록 하기 위해 작은 방에 디지털 피아노를 놓아주었다. 멜로디만 치면서도 두 아이는 피아노를 치면서 놀았다. 그렇게 음악선생님과 같이 두 엄마가 두 아이를 키우면서 아이들의 단점을 보완하기 위해 노력했다. 7살에게 유치원 종일반은 지루하니까, 유치원에서 점심을 먹은 후에는 피아노학원에 가서 피아노를 치게 했고, 그러고 나서는 태권도를 배우도록 했다. 두 엄마가 매일 서로의 아이에게 무엇을 가르칠지를 의논하고 아이들의 특성에 대해 이야기하다 보니, 나중에는 여러 전공의 엄마들이 더 모여서 자신들의 아이들도 함께 키우길 바란다고 했다.

그런데, 그 선생님을 만난 지 1년 만에 그 선생님은 춘천 집으로 발령을 받아서 가게 되었다. 그렇게 우리 아이의 유치원생활은 끝이 났다.

세월이 흘러 그 음악선생님의 딸아이는 내가 몇 해 전에 근무하던 과학고등학교에 입학했다. 그리고 우리 아이는 서울의 한 예술고등학교에 입학하게 되었는데……. 그에 대한 자세한 이야기는 이 책의 뒷부분에서 할 것이다.

아이가 어릴 때부터 나는 영어교육에 대한 관심이 높았다. 하지만 내 영어 발음은 좋은 편이 아니었다. 학창 시절에 나는 영어선생님의 발음만을 듣고 그 발음이 맞는지 틀리는지도 구분하지 못하고는 영어공부를 해왔는데, 그 당시만 해도 원어민교사를 찾아보기가 힘들었다.

그런데 그때 기회가 찾아왔다. 교장선생님은 시골의 우리 학교에서 원어민교사가 일주일에 세 번 학생들에게 방과 후 수업을 하도록 추진하려 하셨다. 하지만 학교의 영어교사들이 반대해서 교장선생님은 어쩌면 좋겠느냐고 내게 의견을 물으셨다. 나는 영어회화를 원하는 학부모들이 있다면 반드시 추진해야 할 일이라고 말씀드리고는, 과학부장으로서 과학실에서 학생들의 영어회화 수업을 할 수 있도록 도와드리겠다는 의견을 냈다. 그 일로 인해 세 분의 영어선생님들과 한동안 사이가 좋지 않았다.

그러나 시간이 지나자 그분들도 영어회화의 필요성을 느끼시고는 원어민교사에게 영어회화를 배웠다. 그리고 그 원어민교사가 학생들의 수업을 마친 후 나는 그에게 개인지도를 받았다. 나는 영문법은 잘 아는데 영어회화를 유창하게 못하니, 그 원어민교사는 내게 매일 영어일기를 쓰도록 했다. 그 일기의 잘못된 부분을 수정해 주면서 일기 내용을 토대로 다양한 질문을 해왔다. 그 질문에 답하기

● 유치원생 때부터 영어 공부를 놀이를 하듯 즐기게 된 우리 아이는, 중학생이 되어서 엄마를 따라 미국에 갔다. 엄마 없이도 미국인들과도 잘 어울릴 수 있었다.

위해 준비하면서 나의 회화 실력은 생각했던 것보다 빨리 늘게 되었다. 이 일을 계기로 부전공 연수를 받고 영어 2급 정교사 자격증을 받을 수 있었다. 훗날에는 건국대에서 TESOL 과정까지 마쳤다.

나는 우리 아이와 원어민교사가 단둘이 있는 시간을 만들어 주려고 했다. 그 당시에 경차를 한 대 사서는 주변의 놀이시설에 함께 다니기도 하면서, 우리 아이가 원어민과 자연스럽게 대화할 수 있는 기회를 마련해 주려고 노력했다. 그림 그리기를 좋아하는 우리 아이의 특성을 이용해 영어그림책을 따라서 그리고 쓰도록 했더니, 영어를 하는 것을 공부가 아닌 놀이를 하는 것처럼 받아들였다.

요새는 유치원생들 사이에서도 선행학습이 유행이다. 그런데 흔히 자녀교육열이 강한 유치원생 학부모들은 가장 큰 실수를 저지르고 만다. 아이의 의사도 알아보지 않고 영어책이나 초등학교 1학년 교과서와 참고서 등을 미리 구입해 자녀에게 읽히게 하는 것이다. 이럴 경우, 아이들은 거부감을 일으킬 수도 있다. 아이들이 느끼게 되는 이러한 거부감이 커지다 보면, 학교에 들어가기도 전에 공부와 거리를 두게 될 수도 있다.

네덜란드의 역사가 하위징아(Johan Huizinga)는 '놀이를 좋아하는 인간의 속성'을 '호모루덴스'라고 했다. 즉 인간에게는 재미를 추구하는 속성이 있다는 것이다. 인간은 놀이를 통해 창의력과 열정을 키우는데, 공부도 놀이를 하듯 해야 잘할 수 있다. 현명한 부모라면 이 점을 명심하기 바란다.

# 초등학교를
# 졸업하기 전까지

# 초등학교 입학, 선생님으로 변하는 엄마

아이가 처음으로 초등학교에 입학하는 날의 그 감격은 겪어보지 않은 사람에게는 말로 설명할 수 없을 것이다. 1학년 입학생들 사이에 내 아이가 서 있는 모습이 어찌나 대견스러운지, 남편과 둘이서 입학생들 중에서 가장 키가 큰 아이를 보면서 둘 다 행복에 젖었다. 2.4킬로그램으로 세상에 나와서 저렇게까지 잘 커준 것에 기쁨을 느꼈다. 그런데, 나는 그날부터 내 아이를 참으로 힘들게 했다.

나는 초등학생의 학부모가 되었다는 기쁨을 금세 잊어버리고, 그때부터 본격적으로 내 아이가 반 아이들 중에서 최고가 되어야 한다는 집착과 욕심이 생기기 시작한 것이다. 내 아이의 성격은 원래 조용한 편이어서 활발하게 두각을 나타낼 수 없었다. 그래서 저녁마다 나는 엄마가 아닌 선생님이 되었다. 아이에게 질문을 하면 '저요!' 하고 손을 들고 대답하는 훈련을 시키기도 했다. 지금 생각하면 쓴웃음이 나오지만, 그때는 적극적이지 못한 아이의 태도를 개조하고 싶었다. 아이에게 그런 모습의 엄마는 어떻게 보였을까?

학교에서 받아쓰기를 해서 하나라도 틀리면 속이 얼마나 상했던지, 그날 아이가 틀린 단어를 다시 반복해서 가르쳐 주고는 했다. 사실 나는 한글을 읽지 못하는 상태에서 초등학교에 입학했었기 때문에 받아쓰기 성적이 안 좋아서 나머지 공부를 한 적도 있는데, 우리 아이를 얼마나 못살게 굴었던지…….

급기야 1학년에 들어가서 처음으로 보는 학기말고사 날짜가 발표되었다. 여러 출판사의 학기말고사 시험지들을 사서는 모두 풀어보도록 했고, 틀린 것은 다시 풀도록 했다. 과목마다 요약서를 만들어서 다시 설명을 하기도 했다. 학교에서 퇴근하면 저녁을 먹이고는 바로 책상 앞에 앉히고는 저녁 내내 문제를 풀게 하고 채점하며 다시 가르치는 과정을 반복했다. '아이를 위한다'는 이유로 또는 '아들을 사랑한다'는 핑계로…….

1학년이니까 그냥 편안하게 두었으면 얼마나 좋았을까? 나는 내 아이를 믿지 못했다. 한 문제만 틀려도 내가 틀린 것보다 더 가슴 아파하고 속상해했다. 그렇게 좋아하는 책 읽기도 시험 전 20일 동안은 엄마 앞에서 하지 못하도록 하고는 늦은 시간까지 잠도 재우지 않았다. 그렇게 해서 나온 성적이 아이의 성적일까? 본인의 의지로 자기주도 학습 능력을 길러줬어야 했는데, 아이를 공부시킨다는 핑계로 아이를 괴롭혔다. 그런 식의 수업은 강도가 강해지기 시작했다. 그 이유는 학년이 올라갈수록 학습 능력이 떨어지고, 엄마와의 공부시간을 못 견뎌 했기 때문이다.

어느 날에는 아이가 내게 말했다.

"엄마, 엄마는 나한테 선생님을 하지 말고 그냥 엄마만 하면 안 돼? 선생님은 엄마 학교에서만 하고, 엄마는 그냥 엄마만 했으면 좋겠어……."

우리 아이는 어느 날부터인가 엄마 앞에서는 굳은 얼굴로 감정 표현을 못한 채 덧셈도 할 수 없는 아이가 되어버렸다. 최고의 아이로 키워보려던 엄마의 욕심이 내 아이에게 부담감을 안겼고, 끝내는 '학습장애' 현상까지 와서는 엄마 앞에서는 수학 문제를 아무것도 못 푸는 바보가 되었다. 결국 내 아이는 그렇게 즐기면서 풀던 수학 문제를 내 앞에서는 풀지 않겠다고 고집을 부리게 되었다.

아이는 수학보다는 그림 그리기를 좋아했기 때문에 미술 특기교육을 받고 싶어 했다. 유아기부터 그림 그리기를 좋아한다는 것을 알고 있었고, 무엇이든지 그림으로 표현하고 싶어 한다는 것도 알고 있었다. 그러나 취미 정도로 잠깐 그리는 것은 용납할 수 있었지만 점점 그림을 그리는 데 집착해 눈에 띄는 이면지마다 그림을 그리는 것을 더 이상 두고 볼 수는 없었다.

"그림만 그리면 아무것도 할 수 없다. 그 시간에 수학 한 문제를 더 풀고 영어 단어 하나를 더 외우는 것이 멋진 미래를 살기 위한 전략이다. 그래야 성공하는 사람이 되는 거야."

그렇게 귀에 못이 박히도록 말해 주었지만 아이는 시간만 있으면 그림을 그려댔다. 나는 그 그림들을 모두 찢어버렸다. 그만큼 더 이상 아이가 그림 그리는 것을 좋아하지 않는다는 내 생각을 강하게 인식시켜 주고 싶었기 때문이었다.

반면에 피아노는 그림과는 달리 열심히 배울 만하다고 생각했다. 아빠를 닮아서 손가락이 긴 아이는 피아노에 소질이 있다고 선생님으로부터 칭찬을 받았다. 피아노 콩쿠르에 나가게 하고 싶은 욕심이 생겼다. 그래서 콩쿠르 입상 지도 경력이 있는 선생님이 계신 학원으로 옮겨서 아이를 집중 훈련하도록 부탁했다.

그 선생님은 정말 스파르타식으로 아이를 가르쳤다. 아이는 피아노를 즐기면서 하고 싶어 했는데……. 자신이 부르고 싶은 곡을 마음대로 치면서 만족해하는 아이였기 때문에 그 강한 훈련이 힘들었던지 그 선생님이 싫었던지, 한동안 피아노학원을 안 가려고 했다. 결국에는 피아노 앞에 앉지 않았다. 엄마의 욕심 때문에 아이가 즐기던 취미생활을 그만두게 하고 말았던 것이다.

훗날, 중학생이 되어서야 아이는 재즈 피아노를 배우고 싶다고 했다. 그제야 나는 대학에서도 강의하시는 분에게 재즈 피아노 개인지도를 맡기면서, 아이를 재촉하지 말고 편안하게 즐기면서 치도록 지도해 달라고 부탁했다.

　사실 우리 아이는 초등학생 때 피아노에 재능이 있었다. 내가 이리저리 끌고 다니면서 아이를 슬프게 하지 않았다면 지금쯤 명곡을 치면서 행복해할 수 있는 사람으로 자랄 수 있었을 텐데……. 엄마의 욕심으로 인해 실패하고 말았던 교육이 바로 내 아이의 피아노 특기교육이었다.

　지금도 가끔 주변의 엄마들에게 정보를 얻어듣고 자신의 아이를 이런저런 학원으로 끌고 다니는 분들을 보곤 한다. 그런 모습을 볼 때마다 저 엄마의 아이는 고집이 없고 무척 착하거나, 아니면 내 아이처럼 힘들게 살고 있겠구나 하는 마음에 걱정이 앞선다.

● 아들의 음악 공부를 위해 내가 만들어준 자료.

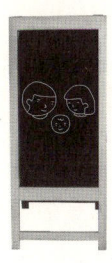

# 논술교육, 초등학생 때만 하지 말라

아이가 초등학교에 입학하면 대부분의 엄마들은 독서와 논술에 관심을 갖게 된다. 중학교에 가면 학과수업을 하는 데 정신없으니 독서와 논술은 초등학교 때 끝내야 한다고 생각하는 것이다. 하지만 독서와 논술은 꾸준히 해야 하는 것이다. 중학교와 고등학교에 가서도 꾸준히 해야 그 실력이 나타나는 법이다.

내 아이는 어려서부터 책을 즐겨 읽었다. 《삼국지》, 《사서삼경》, 《수호지》, 《먼 나라 이웃나라》, 《그리스신화》, 그리고 만화로 된 생활영어 책과 과학학습 만화, 한자 만화 등……. 책을 항상 옆에 끼고 다녔다. 그 책 중에 몇 권은 책가방에 넣어서 학교로 가지고 갈 정도였다. 아이는 만화로 되어 있지 않고 글만 있는 책들은 그 장면을 상상하면서 읽기 때문에 재미있다고 했고, 만화로 된 책들은 만화 그림을 보면서 따라 그려볼 수 있어서 더 재미있다고 했다.

아이가 초등학교 1학년 때에는 서로 도움을 주면서 아이를 함께 키울 수 있는 동료 선생님이 없었기 때문에 우리 아이는 학교를 파한 후, 피아노학원과 태권도장을 다녀와 집에서 홀로 책을 읽으며 텅 빈 방 안에서 엄마를 기다렸다. 내가 퇴근하자마자 집에 오는 날에는 아이가 많은 시간을 기다리지 않아도 되지만, 그렇지 못하고 학교에 남아서 일해야 하는 날에는 아이 혼자서 엄마를 기다리는 시간이 길어지기도 했다. 그래서 피아노와 태권도를 마친 후 속셈학원을 더 가게 할까 생각하기도 했지만, 그보다는 다른 방법으로 아이에게 새로운 과제를 내주고 싶었다.

석사 과정이 끝날 즈음에 지도 교수님이 관심을 가지시게 된 것이 바로 STS(Science & Technology in Society)였다. STS는 과학을 생활과 관련하여 생각할 수 있도록 흥미를 유발할 수 있는 문제를 던져줌으로써, 학생들의 사고 능력도 높이고 재미있게 과학을 공부할 수 있도록 하는 교육방법이었다. 나도 STS를 공부하고 싶었으나, 대학원을 졸업하면서 잊고 살았다.

그러다가 졸업 후 2년 만에 STS 연수를 받게 되었다. 새로운 과학 교수학습 방법으로 STS 교육방법이 좋다고 생각되었고, 내 아이에게도 이 교육법을 적용해 지도하고 싶었다. 내 아이에게 적용한 방법은 신문읽기 교육이었다. 학생들에게 적용하기 위한 STS 교육자료를 만들면서 내 아이를 위한 신문 교재를 따로 만들었다. 어린이 신문에서 기사를 오리고, 아이의 수준에 걸맞은 질문지를 만들어서 그것을 날마다 집에 혼자 있을 때 풀어 놓게 했다. 책을 즐겨 읽는 아이였고, 글쓰기도 좋아하는데다 신문은 문장이 길지 않으니까 혼자 있는 시간에 엄마를 기다리며 즐겁게 할 수 있으리라고 여겼다.

그러나 한 달 정도 하더니, 문제가 너무 단순하고 국어 문제를 푸는 것 같아서 싫다고 했다. 지금 생각하면, 내 아이의 눈높이에 맞는 지도방법이 아니었기 때문에 실패했던 것이다. 내 아이의 취향을 좀 더 살펴보고 아이의 생각을 자유롭게 쓸 수 있도록 만들었다면 우리 아이는 신문 읽기에 취미를 가지고 좀 더 똑똑한 사람으로 성장했을지도 모른다.

우리 학교 학생들의 경우에는 수업 중에 필요한 부분을 기사로 발췌해 동기유발을 시키고, 수업 내용과 관련된 기사를 읽고 글을 쓰도록 했다. 그러자 과학 이론만 수업하는 것보다는 흥미를 느끼고 다양한 의견을 함께 이야기할 수 있어서 좋았다. 반면에 내 아이의 경우에는 신문 기사를 아이 스스로 선택한 것도 아니고, 엄마가 괜찮다고 생각하는 소재를 주면서 읽고 쓰라고 했으니 문제가 되었다. 엄마가 주는 신문수업 자료가 학교 공부의 연장으로 여겨졌던 것이다.

물론 내 아이의 교육은 실패했지만, 지금도 한국언론진흥재단의 자료 도움을 받아서 NIE(Newspaper In Education, 신문활용교육)를 하고 있다. 우리 학교 학생들에게 일주일에 한 시간씩 글쓰기교육을 시키고 있다. 이제는 학교의 정기고사에서도 서술형 문제가 10퍼센트 이상은 꼭 출제되기 때문에 학생들을 지도하기 위해서는 과학교사가 과학 글쓰기교육도 담당해야 한다. 나는 과학교사들에게 강의도 하고 있는데, 그들에게 신문활용교육의 필요성을 피력한다. 과학논술은 국어교사에게 미룰 수 있는 영역이 아니며, 과학교사가 반드시 해야만 한다. 우리는 흔히 논술 능력이 문과 전공자에게만 필요한 것이라 여기는데, 과학 전공자들에게도 논술 능력이 필요하다. 과학자가 되려면 과학실험을 마치고 나서 실험내용을 정리해 정확하게 논문으로 쓸 수 있는 능력이 필요한 것이다.

# 아이를 위한 영재교육의 허실

얼마 전부터 영재교육에 대한 관심이 높아지고 있다. 영재란 한마디로 정의되기 어려운 개념으로 학자들 간에도 조금씩 다른 정의를 내리고 있다. 미국 문부성은 '영재아란 뛰어난 능력을 갖고 있어서 훌륭한 성취를 보일 가능성이 있다고 판별된 아동으로, 그 자신과 사회에 기여하기 위하여 정규교육 과정이 제공하는 것 이상의 특별 교육 프로그램이나 도움을 필요로 하는 아동이다'라고 정의를 내리고 있다. 우리나라 또한 영재교육진흥법을 통해 영재를 '재능이 뛰어난 사람으로서 타고난 잠재력을 계발하기 위하여 특별한 교육을 필요로 하는 자'라고 정의하고 있다.

위에서 정의되고 있는 공통점은 '영재는 정규학교에서 제공하는 것 이상의 차별화된 교육 프로그램을 필요로 하는 학생들이기에 이들을 위해서는 특별교육이 필요하다'는 것이다.

이러한 영재에 대한 정의가 엄마들에게 조바심을 심어주고 힘들게 하는지도 모른다. 혹시나 내 아이가 영재가 아닐까? 하는 기대와 희망과 함께 엄마는 아이에게 남들보다 특별한 교육을 하기 위해 동분서주하게 된다.

엄마의 착각에 불과했지만, 나는 내 아이가 과학 분야의 영재일지도 모른다고 생각했다. 우리나라에서 영재교육법 시행령이 내려진 것이 2002년이었으니, 그때는 우리나라에서 영재교육 열풍이 일기 전이었지만 선무당인 내가 판단하기에는 그러했었다. 조셉 렌줄리(Joseph S. Renzulli)에 의하면 영재의 특성은 '평균 이상의 지적 능력, 높은 과제 집착력, 높은 창의성'이 있다는 것에 대해서 알게 된 나는 내 아이가 영재일 거라고 믿었다.

그런데 당시에는 영재교육에 대해 관심을 가지고 있는 사람들이 적었다. 지금은 다양한 판별검사나 지능검사를 어린 나이에도 해볼 수 있지만, 나로서는 책에서 알게 된 정보가 전부였기에 내가 생각한 대로 믿고는 우리 아이가 평균 이상의 지적 능력, 높은 과제 집착력을 지녔다고 생각한 것이다. 과제 집착력은 인내심을 지니고 있고 고된 작업을 헌신적으로 수행할 수 있는 특성으로 나타난다. 창의성은 호기심과 모험심을 발휘하는 정도를 말하며 어떤 문제에 직면

했을 때 독창성과 융통성, 기존의 관례와 절차를 뛰어넘는 능력을 발휘하는 정도를 말한다.

장 피아제(Jean Piaget)는 '아동의 발달단계는 감각동작 단계, 전조작적 단계, 구체적 조작 단계, 그리고 형식적 조작 단계를 거치는데, 과학 활동은 과학의 본질상 형식적 사고가 요구되기 때문에 학생들의 사고 능력을 형식적 조작기의 사고 수준까지 신장될 수 있도록 하는 과학 환경을 제공해야 한다'고 했다. 하지만 그 당시에 우리나라에는 영재교육을 하는 기관이 없었고, 과학 동아리 활동을 하는 과학교사도 드물었다.

그 당시에는 시·도교육청마다 하나씩밖에 없는 교육과학연구원에서 각 학교에서 과학에 재능 있는 학생들을 뽑아서 토요과학교실을 운영했고, 나는 그곳의 지도교사로서 토요일마다 학생들에게 탐구실험을 지도했다. 그 교육과학연구원에서 운영하던 토요과학교실이 지금의 교육청 영재교육원의 전신인 셈이었다.

지금은 영재교육이 이루어지는 곳이 많아졌다. 일선학교에서 운영하는 영재학급과 지역에서 설치한 영재학교, 지역교육청이나 대학이 설치하는 영재교육원 등이 있기 때문이다. 현재 나는 영재들의 사사교육 지도교사로 활동하고 있지만, 나는 날마다 두렵다. 내가 과연 이 영재 아이들을 올바르게 지도하고 있는 것인지 싶어서…….

나는 내 아이가 전조작적 단계의 아이로서 정서적인 관찰 활동은 충분히 할 수 있으니, 지속적인 과학 활동을 수행하면 점차적으로 과학적인 탐구 능력이 신장될 것이라고 믿었다. 이것이 또한 내가 2년 동안 연구한 석사논문의 주요 내용이었으니 누구와 상의할 것도 없이 내가 전문가라고 믿었다. 무조건 내가 옳다고 생각했기 때문에 진부중학교에 와서는 10명의 과학반 학생들을 뽑아서 그 학생들에게 방과 후에 내가 연구해 온 탐구실험을 중학생 수준으로 번안하여 활동시키면서 내 아이를 함께 참여시켰다. 과학경시대회가 있을 때는 10명의 학생들을 우리 집에서 밥을 해먹이면서 공부를 가르쳤다. 그 기간 동안 우리 과학반 학생들을 학원에도 가지 못하게 했고, 학교가 끝나면 무조건 우리 집으로 오도록 했다. 그렇게 해야만 나도 우리 학생들을 마음껏 가르칠 수 있고, 내 아이는 형과 누나들이 공부하는 모습을 보면서 자연스레 배울 수 있으니, 모든 면에서 이것이 낫다고 여겼으니까.

　우리 아이가 정말 영재인 거 아냐? 아이는 중학생 형과 누나들과 같이 실험하고 관찰한 것을 자신의 마음에 들 때까지 반복해서 그림으로 그리고 보고서도 썼다. 그런 아이가 대견하게 여겨졌다. 심지어는 마음에 걸리는 주제가 있으면 집에 와서도 그 주제에 대해 더 연구하려고 서점에 가기도 했고, 과학대사전을 들여다보기도 했다. 아빠에게 전화를 해서 묻기도 하면서 끊임없이 더 알려고 노력하는 모습을 보여주었다. 생선 한 마리를 사와도 생선을 여기저기 찔러보고 만져보기도 했고, 지느러미가 부분마다 다르게 생긴 이유에 대해 묻기도 했다. 그 생선을 그림으로 그리고 보여주면서 엄마를 참으로 귀찮게 했다. 생선 이름도 잘 모르는 엄마인지도 모르고 얼마나 많은 질문을 해댔는지…….

하지만 아이에게 척척박사로 보이고 싶은 엄마는 아이가 묻는 질문에 대답을 못하는 그 곤혹스런 순간을 모면하려고 화를 냈다. 비린내가 난다고 부엌에서 나가라고 소리를 치곤 했다. 나는 전공이 화학이기 때문에 생선이나 생물과 관련된 내용은 정확하게 답할 수 없다고 솔직하게 말해 주어야 했는데, 괜스레 엄마가 모르는 것도 있다는 것을 아이에게 보이는 것을 싫어했던 것 같다. 그러자 얼마 후부터는 아이가 부엌에 와서 질문하는 횟수가 줄어들었다. 부엌에서 일하는 엄마 옆에서 재잘거리던 아이가 점점 엄마와 멀어지고 책 속에 얼굴을 묻게 된 것은, 모두 나 때문이었다. 만약 시간을 되돌려 다시 내 아이를 키워볼 수 있는 기회가 온다면, 내 아이 앞에서 나 자신도 모르는 것이라고 인정하면서 인터넷으로 함께 찾아보고 알아가면서 더 행복한 시간을 보낼 수 있을 것이다.

아이가 초등학교 1학년이었을 때, 어느 날 온 집 안에 개미가 갑자기 많아졌다. 아이가 여러 가지 과자 부스러기를 집 안에 놔두고, 개미가 어떤 과자를 좋아하는지를 연구하고 있었기 때문이었다. 아이는 개미의 행동을 관찰하고 관찰일기를 썼다. 심지어는 그 개미들과 대화하느라 학교 과제를 하지 않기도 했고 지각을 하기도 해서 담임선생님으로부터 전화가 왔다. 그 이후에 그 개미를 관찰한 내용을 글짓기로 제출해서 교내 글짓기 대회에서 대상을 받아왔다.

나중에야 깨달은 것이지만 우리 아이는 과학 영재가 아니었다. 본 것을 정확하게 그림으로 표현하고, 그것이 어떤 원리에 의해 나타나게 된 것인지를 알아내어 글을 쓰는 것을 좋아하는 아이였던 것이다. 다시 말하면 그림을 그리고 글쓰기를 즐기는 아이였지, 과학 영재는 아니었다. 그렇다면 내 아이는 미술 영재였을까? 그건 잘 모르겠다. 자신이 눈으로 본 것과 책을 보면서 상상하게 된 장면들을 구김살 없이 그리는 것을 즐겼던 것만은 분명했다. 다른 아이들보다 그림 그리는 속도가 빨랐고 관찰 능력도 좋았다는 것은 인정한다. 하지만 나는 과학이 아닌 부분에 대해서는 정말 무지했기에 아이에게 미술 재능이 있는지는 잘 몰랐고, 누군가에게 내 아이가 그림 그리기를 즐긴다는 사실을 자랑하고 싶지도 않았다. 혹여나 아이가 미술 쪽에 관심을 갖고 미술학원에 보내달라고 할까 봐 겁이 났었다.

지금은 영재교육 관련 일을 하면서 영재 학부모들과 영재 담당교사를 위한 연수교육을 하면서 가끔 과학 영재 아이들의 부모들과 상담을 하게 된다. 그럴 때마다 부모들은 이렇게 묻곤 한다.

"내 아이가 진짜 과학 영재가 맞는 것 같나요? 아닌 것 같으면 일찌감치 포기하려고요."

그분들에게 내가 '당신의 아이는 과학 영재가 아니다'라고 한다면 정말 포기하고 아이들을 편하게 내버려 두실까? 내게 그렇게 물어오는 엄마들에게 이 아이에게 영재성이 안 보인다는 이야기를 단 한 번도 해준 적이 없다. 그 이유는 그렇게 묻는 엄마들의 심리를 그

● 미래의 과학자를 꿈꾸는 아이들이 실험을 하고 있다.

녀들과 마찬가지로 엄마인 내가 잘 아니까……. 단, 이렇게 이야기를 해 드린다.

"이 아이가 이 활동이 좋다고 하면, 그냥 하도록 해주세요. 단, 억지로 시키지는 마세요. 아무리 영재라고 해도 싫은 것을 하는 것은 정말 효과가 없거든요."

'혹시 내 아이가 영재가 아닐까?'

부모라면 한 번쯤 내 아이에 대해 그렇게 생각해 본 적이 있을 것이다. 아이가 태어나기 전까지만 해도 엄마들은 다른 것은 바라지 않고, 열 손가락과 열 개의 발가락이 온전히 달린 아이로 건강하게 태어나주기만 한다면 감사하겠노라고 다짐한다. 그런데 시간이 갈수록 아이에게 욕심을 갖기 시작하는 것은 왜일까? 아이가 다른 아이와 조금만 다르게 행동해도 내 아이의 우수성을 자랑하고, 행복해하는 엄마들…….

이것은 정말, 엄마만 행복한 것이다. 나는 날마다 '모두 다 너를 위한 거야'라는 말로 내 아이를 곤혹스럽게 만들었고 힘들게도 했다. 하지만 무엇보다도 내 아이가 행복한 것이야말로 더 소중하고 귀한 것이 아니겠는가…….

# 조기교육보다 적기교육이 필요하다

조기 영재교육을 하려는 엄마들은 크나큰 착각을 하곤 한다. 아이를 위해 남보다 서둘러 필요한 교육을 하고 있다고 이야기하지만 사실은 아이를 통해 자신을 자랑하고 싶어 하는 것이 아닐까? 아이에게 한글이나 영어를 빨리 가르치는 것은 중요하지 않다. 어렸을 때부터 아이에게 관심을 가지고 사랑으로 대하면서 사회성과 기본적인 생활 습관을 길러주는 것이 더 중요하다.

요즘 대세인 영어 조기교육에 대해 참 말들이 많다. 그에 대해 다양한 학자들이 찬반 이론을 내놓고 있지만, 내가 내 아이를 가르쳐본 결과는 분명하다. 언어교육은 절대로 가르치려고 해서는 안 된다는 것이다. 생활과 놀이의 현장에서 몸으로 습득하게 해줘야 한다. 언어교육은 놀이의 연장으로서 흥미를 보이는 선까지 하게 하고, 하기 싫다고 짜증을 내는 경우 스트레스를 받기 때문에 더 이상 진행하면 역효과가 난다. 그런 아이에게 무리한 교육을 시키면 언어장애가 올 수도 있지 않을까? 아이에게 영어 조기교육을 시키기 전에 우선 이 질문을 스스로에게 던져보자.

'내 아이에게 외국어교육이 왜 필요할까?'

우리 반 학생 중에는 일본에서 태어나 다섯 살까지 살다 온 학생이 있었다. 여섯 살에 한국으로 들어왔는데, 한국어가 서툴러서 유치원에서 왕따를 당했다. 그 상처가 얼마나 컸던지, 그 아이는 한동안 말을 못했었다. 수치심을 느꼈던 그 아이는 일본어 대신 한국어를 공부하는 데 열중했다. 그리고 고등학생이 되어서는 일본어를 쓸 줄도 말할 줄도 모를 만큼 일본어를 하얗게 잊어버렸다. 제2외국어로 학교 전체가 선택한 과목이 일본어였는데, 일본어 성적도 엉망이었다.

조기 외국어교육의 효과는 얼마나 지속되는 것일까? 물론 효과가 있는 학생들도 있다. 이른바 언어 영재들의 경우에는 말이다. 그러나 보통의 어린이들에게는 과도한 영어 조기교육이 스트레스가 될 수 있다는 것을 엄마들은 알아야 한다. 내가 사랑하는 내 아이를 가장 불행하게 만드는 장본인이 바로 자신이 될 수 있다는 점을 생각해봐야 한다.

나는 외국여행을 다닐 때마다 가급적이면 내 아이를 데리고 다녔다. 남편도 선교여행을 갈 때 아이를 데리고 갔다. 일본, 중국, 미국, 캐나다, 필리핀 등의 나라를 다니면서 우리 아이에게 가장 인상적인 나라는 바로 일본이었다.

나는 토요과학교실 학생들을 인솔해 일본에 갔는데, 그때 아이를 데리고 갔다. 그런데, 방학계획을 짜면서 일본의 과학관을 다시 가보고 싶다는 아이의 제안에 한 번은 엄마와 단둘이 동경에 있는 과학관을 비롯해 미술관 등 동경에서 가볼 만한 곳을 3박 4일 동안 여행해 본 적도 있다. 그때 나는 더듬더듬 일본어를 했었는데, 영어로 말하는 엄마보다 일본어를 어설프게 하는 엄마가 더 좋아보였나 보다. 그때부터 아이는 일본어를 혼자서 공부하기 시작했다.

나는 영어를 더 탄탄히 가르치고 싶었는데, 아이는 영어에 더 이상 관심을 갖지 않았다. 나중에야 아이의 그러한 심리를 이해하게 되었다. 아이는 내가 있으면 미국인 앞에서 한마디도 하지 않고, 내가 자리를 피해 주면 나보다 더 정확한 영어발음으로 대화를 했다. 엄마 앞에 있으면 혹시라도 실수를 할까 봐 창피하고 긴장해서 그랬던 것이다.

나중에 우리 아이의 일본어 실력이 유창해졌을 때, 나는 아이 앞에서 일본어를 단 한마디도 할 수가 없었다. 내가 하고 있는 말이 어디가 틀렸는지를 내 아이가 모두 알고 있으니, 아이 앞에서 나는 한마디도 할 수가 없었다. 그러니 엄마들이여, 아이에게 '틀려도 괜찮아'라는 생각을 심어주도록 하자. 외국어 회화는 자신감과 유창성이 중요하니까.

우리 아이는 어릴 때부터 일본 애니메이션을 즐겨 보았다. 아이는 자신의 마음에 드는 애니메이션을 보고 또 보아서 모든 대사를 외웠다. 화면만 봐도 어떤 대사를 하고 있는지 읊을 수 있을 정도로 본 것이다. 그렇게 혼자서 일본어를 공부해서는 고등학교 1학년 때는 아르바이트로 일본 애니메이션 번역 일을 할 수 있을 정도가 되었다. 일본으로 유학을 가기 전에 어학연수를 따로 받은 적이 없던 우리 아이는, 교수님들 앞에서 두 시간의 면접을 하고는 대학에 합격했다. 대학에서 원하는 JPT 자격도 고등학교 3학년 때 이미 갖출 수 있었다.

조기교육보다 적기교육이 중요하다고 생각한다. 적기교육은 제때에 하는 교육이고, 제때에 교육하기 위해서는 아이의 뇌와 그 발달단계에 대해 알아야 한다. 아이들마다 뇌와 그 발달단계는 개인차가 심하다. 아이의 수준에 맞지 않는 조기교육으로 아이에게 스트레스를 줄 경우에는 아이에게 씻지 못할 상처를 줄 수도 있으며, 정신적 장애까지 일으킬 수 있다.

한글을 가르쳐야 할 때가 언제인지, 언제 영어를 가르쳐야 하는지, 인성교육을 어떻게 해야 하는지, 아이에게 걸맞은 시기를 찾아서 교육하는 것이 필요하다. 내 아이를 위해서라고 착각해 조기교육을 하기 위해 뛰어다니는 엄마들이여, 내 아이에게 필요한 적기교육을 하도록 하자. 엄마의 착각으로 소중한 내 아이가 힘들어할 수 있고, 잘못 성장할 수도 있음을 알아야 할 것이다.

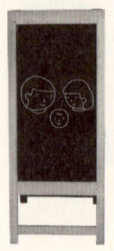

# 부모 자식 관계만큼이나 어려운 사제관계

　남편의 성격은 내성적이고 소심한 전형적인 A형이다. 나 또한 A형으로서 결코 활달한 성격은 아니다. 두 부모가 모두 혈액형이 A형이라서 그런지 우리 아이는 내향성이 강해서 혼자 놀기를 좋아하고 실내에서 지내는 것을 좋아했다. 다른 남자 아이들은 총싸움도 하고 몸싸움도 하면서 서로 정이 든다고 하는데, 우리 아이는 총 대신에 책을 들고 놀았다. 일찍이 두뇌개발에 좋다고 해서 게임기를 사줬는데, 게임을 곧잘 하다가도 그 게임을 정복하고 나면 바로 게임에 대한 흥미를 잃어버리고 더 이상 하지 않았다. 그러고는 자기가 하고 싶은 일을 했다. 새로운 게임기를 사주면 또 같은 패턴이었다. 모두 정복하고 나면 다시 그 게임을 하지 않는 것이다.

　친구들을 사귀는 데도 문제가 있었다. 친구들과 마음을 맞추고 함께 어울려 다니는 것보다 혼자서 중얼거리며 노는 시간을 더 즐겼다. 날씨가 좋은 날에는 혼자서 자전거를 타고 강가에 가서 놀다 오기도 했고, 봄날에는 엄마와 둘이서 쑥도 캐고 냉이도 캐면서 놀았다. 친구를 못 사귀고 엄마와 함께 있는 시간을 즐기는 아이인 것이 걱정되었다. 다른 엄마들은 아이에게 어떤 친구는 사귀어라, 사귀지 말라 하면서 친구를 사귀는 데 기준을 둔다고 하는데, 나는 단 한 번도 그런 말을 한 적이 없다. 우리 아이는 친구를 사귈 때 참 많이 가렸다. 그만큼 친구를 사귀기가 어려웠다.

　한번은 생일잔치를 해줄 테니 친구들을 모두 데려오라고 했다. 그러자 네 명을 친구라고 데리고 왔다. 나는 그 친구들에게 내 아이와 친하게 지내라 하면서 푸짐하게 대접하고 즐겁게 이야기도 하며 놀다가 보냈다.

　다음 날부터 그 친구들을 우리 집에 데려와서 놀도록 했는데, 우리 아이는 그 친구들과 한 공간에 있을 뿐 함께 놀지는 않았다. 퇴근해서 집에 가보면, 우리 아들은 혼자서 책을 읽고 있고 다른 아이들 넷은 게임기를 가지고 놀거나 하면서 따로 놀고 있었다. 그 애들은 한 공간에서 놀고 있었지만 그들의 모습은 친구관계로 보이지 않았다. 그 아이들은 공부를 잘하는 아이들도 아니었고, 가정형편이 좋은 아이들도 아니었다. 다만 내 아이와 한편이 되어주는 것만으로도 고마워서 저녁을 먹여서 보내기도 했다.

　나중에 알고 보니, 우리 아이는 친구들 사이에서는 만화가로 통했다고 한다. 혼자서 그린 만화를 매일 아침마다 아이들에게 돌려보라고 제공해 주었던 것이다. 그 만화가 재미있었는지 재미가 없었는지, 나는 잘 모른다. 엄마만 눈에 안 보이면 공부에는 전혀 관심이 없고, 만화를 그리며 자신만의 세상을 구축했다는 사실을 알았을 때, 하늘이 무너지는 것만 같았다. 하지만 지금은 애니메이션을 전공하는 내 아이의 꿈을 비로소 인정하게 되었다.

　나는 진부중학교에서 2년 6개월을 근무하고는 같은 병설학교인 진부고등학교로 옮겼다. 진부중학교에 있으면서 중학교 과학 교과서의 수업지도안을 지속적으로 연구하고 사고력을 신장시키기 위한 탐구과정으로 짜놓았기 때문에, 고등학교 과정도 예전에 7년 동안 교사를 하면서 아쉬웠던 점을 보안해 탐구수업 지도안으로 새로 짜보고 싶어서 고등학교로 옮긴 것이었다.

　그 와중에 내 아이가 4학년이 되면서 밝았던 얼굴이 점점 어두워지는 것을 알게 되었다. 어느 날에는 학교에 가기 싫다고도 했다. 얼마 후 나는 아이의 손등에 상처가 나 있는 것을 발견했다. 알고 보니, 담임선생님이 아이가 교과서를 안 가져갔다고 손등을 꼬집었다는 것이다. 왜 교과서를 안 가져갔느냐고 물었더니, 자기는 가져갔는데 여학생인 옆 짝이 안 가져와서 같이 보고 있었는데, 누가 안 가져왔느냐고 묻지도 않고 바로 우리 아이의 손등을 꼬집더라는 것이다.

나도 교사인데, 그 상황이 이해되지 않았다. 누가 안 가져왔느냐고 묻고 다음에 가져오라고 하고 그 시간에는 그냥 둘이 보게 하면 되는 것이 아닌가?

하지만 화가 난다고 해서 감히 선생님에게 전화할 수는 없고, 옆짝의 엄마에게 전화를 했다. 그렇지 않아도 우리 아이의 옷에 크레파스로 낙서를 해놓은 장본인이 바로 그 여학생이었기에 몰아서 하고 싶은 이야기를 해댔다. 한 번만 더 그러면 담임선생님께 전화해서 짝을 바꿔달라고 하겠다고 으름장까지 놓았다. 그런데 알고 보니 그 아이에게만 뭐라 할 수도 없었다. 그 아이는 우리 아이에게 관심이 많아서 이야기도 하고 친하게 지내고 싶은데, 우리 아이가 그 여자아이에게 친절하게 대해 주지 않았나 보다.

그 일이 있고 나서도 우리 아이의 손등에는 날마다 피가 났다. 바로 담임선생님 때문이었다. 차라리 때리지……. 그리고 우리 아이가 말을 안 듣거나 할 아이가 아닌데……. 화가 나서 며칠 동안 잠을 잘 수가 없었다. 예전에 우리 아이를 맡았던 담임교사들을 만나서 상담도 해보고, 그들과 많은 고민을 나누며 울기도 했다. 내 아이를 이유 없이 미워하고 괴롭히는 사람이 바로 담임교사라는 것에 너무 화가 났다. 그분은 강자이니까 그분에게 찾아가서 왜 그러느냐고 따질 수도 없었다. 엄마인 나는 그저 학교에서 힘들게 지내도 표현하지 못하는 내 아이가 안쓰러워서 울 수밖에 없었다.

어느 날, 교장선생님께 찾아가서 이야기를 해볼까 하다가 담임교사를 만났다. 그런데 이게 웬걸? 그 담임선생님은 우리 아이를 한 없이 칭찬했다. 그러니 왜 우리 아이를 왜 그렇게 꼬집고 미워하느냐고 물을 수가 없었다. 담임선생님과 식사를 하고 나면 한동안은 잠잠했다.

그러나 시간이 지나면 담임선생님의 그 이상한 행동은 또다시 반복되었다. 그 담임선생님은 이상한 이단종교에 빠져 있었고, 이혼하고 딸아이와 둘이서 살고 있었다. 나중에는 내게 저녁시간에 만나자는 전화를 스스럼없이 하고는 했다. 전혀 동의할 수 없는 종교 이야기를 끊임없이 하는 그분이 너무 미웠지만, 내 아이를 위해 참고 참았다. 하지만 결단을 내려야 했다. 나는 분명 남편이 감리교 목사라고 밝혔는데도 자기가 다니는 이단교회에 한번 와보라는 것이었다. 도저히 용서가 안 되었다.

그 일로 고민할 즈음에 한 학기 동안의 해외파견교사를 뽑는다는 공문이 날아왔다. 우리 도에서 과학 전공 교사별로 한 명씩을 뽑는데, 영어 회화와 영작, 그리고 교육학 관련 내용의 면접시험을 보는 정도였다. 나는 그곳에 혹시나 우리 아이를 데리고 갈 수 있을 줄 알고 시험에 응시했다. 독일의 하이델베르크 대학에 화학심화연수를 받으러 가기 위해서. 하지만 연수대상자로 결정되고 난 후에야 그곳으로 아이를 데리고 갈 수 없다는 것을 알게 되었다.

어차피 인성이 의심스러운 담임선생님에게 아이를 맡기기 싫었으므로 아이를 서울로 전학시켰다. 서울에 있는 학교를 다니면서 아빠

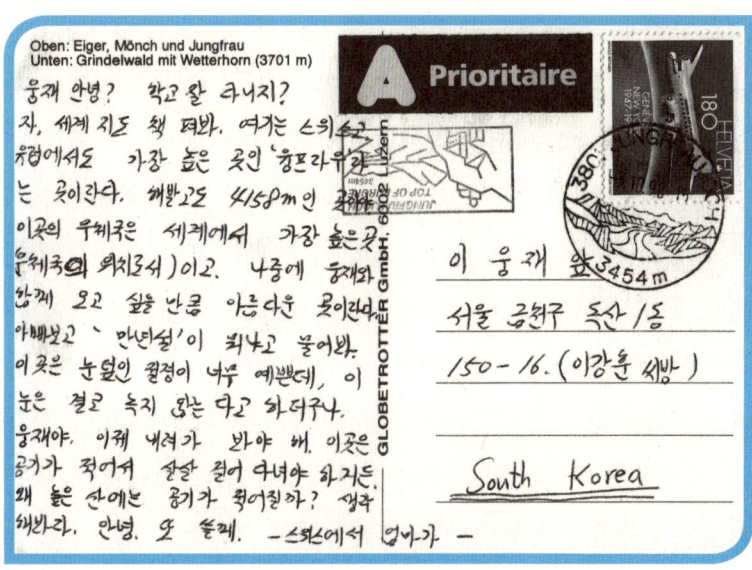

● 독일에서 지내는 동안 여행지에서 아들에게 보낸 엽서 중 하나.

에게 인성교육을 받아보는 것도 좋겠다고 의견을 모은 것이다.

　독일에서 지내는 동안 주말에는 여행을 다녔다. 금요일 수업이 끝나면 바로 출발해서 일요일 저녁에 돌아오는 일정으로 유럽의 20여 개국을 돌아다녔고, 하이델베르크 시의 주변 도시들도 모두 다녔다. 그렇게 여러 나라와 도시를 돌아다닌 이유는 그림엽서를 사기 위해서였다. 아이에게 날마다 몇 장씩 그림엽서를 보냈다. 내 아이에게 간접경험이라도 제공해 주고자 그 그림엽서에 있는 모든 유적지를 설명해 주었다.

　그런데, 어느 날 독일에서 날아온 엄마의 엽서를 전해 주자 아이는 그 엽서를 집어던지더라고 했다. 내 의도와는 다르게 여기저기 신나게 여행 다니는 엄마로 여겨져서 원망스러웠나 보다. 두 달까지 잘 참다가는 우울해하는 아들을 보면서 남편의 마음도 많이 아팠나 보다. 지금도 아들은 가끔 그런 말을 한다. 엄마가 보고 싶을 때 엄마를 볼 수 없는 것이 너무 힘들었다고. 식구들이 아무리 많아도 엄마는 엄마인 모양이다. 아무리 엄하고 무섭게 교육하고 힘들게 하는 엄마라도 아이에게는 가장 그리운 사람이 엄마인 모양이다. 다시는 내 아이와 그렇게 멀리 떨어져 지내지 말아야겠다고 결심했다. 하지만, 지금은 내 아이가 나를 떠나서 일본으로 가서는 1년에 한두 번밖에 와주지 않는다. 날마다 내 아들이 너무 그립다.

우리 아이가 서울로 전학 와서 한 학기 동안 다닌 학교는 음악 분야의 연구학교였다. 다른 수업은 조금만 하고, 날마다 음악 수업만 한 것이다. 그 학교에서 우리 아이가 배운 것은 바로 단소였다. 아이는 단소를 제법 불었다. 독일에서 귀국하기 전에 선물로 무엇을 받으면 좋겠느냐고 물었더니 좋은 알토 리코더를 사달라고 했다. 그것을 사주었더니, 훗날에도 늘 가지고 다니면서 열심히 불었다. 나는 무엇을 시켜주면 좋은 선생님을 먼저 물색하는 버릇이 있어서 선생님을 소개해 줄까 하고 물었더니, 지레 겁먹고는 그냥 혼자 하겠다고 했다. 운지법부터 제대로 배워야 할 텐데……. 아쉬움이 있었지만 워낙 좋고 싫은 것이 분명한 아이라서 그냥 놔두고 말았다.

# 독일 유학생활의 교훈

　내가 머물렀던 하이델베르크는 작지만 아름다운 도시였다. 하지만, 결코 화려하지 않은 100년이 넘은 호텔에서 지내야 했다. 혼자 비집고 앉으면 움직이기가 힘든 비좁은 욕탕, 난방이 잘되지 않아서 입김이 날 정도로 추운 방에서 지냈다. 어느 날 참다못해 호텔 주인에게 시설이야 어찌되었든 너무 춥다고 불평을 했다. 그는 '미안하지만 속옷을 든든하게 입었느냐'고 물어왔다. 독일 가정의 어느 곳을 가보아도 실내온도를 15~16℃ 이상으로 올려놓은 곳은 없을 거라고 말하며, 난방온도는 더 못 올리니까 옷을 더 든든하게 입으라고 충고해 주었다.

100년이 넘은 호텔에서 생활하면서 참 많은 것을 느꼈다. 전통적인 고건물을 보수하기 위해 많은 돈을 들이는 사람들, 자기 고장의 색깔을 유지하기 위해 나만의 주장과 개성을 버리고 전 도시가 하나가 되고자 노력하는 흔적이 곳곳에서 느껴졌다. 400년이 넘은 건물도 아직 견고하고 멋들어진 모습 그대로였다. 이 건물을 그 모습 그대로 지키기 위해 새로 건축하는 것보다 더 많은 돈을 들였기 때문이다.

이들의 건물은 결코 예쁘지 않다. 겉모습을 치장하거나 공사를 빨리 하는 데 주안점을 두지 않기 때문인 것이다. 반면에 얼마나 튼튼하고 안전하게 짓는가에 주안점을 둔다. 예쁜 것이나 당장 현실만을 생각하는 성질 급한 우리나라 사람들, 내실 있고 먼 미래를 보는 그들에게서 많은 것을 보고 배워야겠다는 생각을 하게 되었다.

세 사람 이상이 모여야 성냥에 불을 붙여 담배를 피웠다는 그들의 생활태도는 벼룩시장에서도 여전히 느껴볼 수 있었다. 하이델베르크에서 차로 40분 정도를 가면 프랑크푸르트라는 큰 도시가 있는데, 거기에서 주말 새벽 여섯 시쯤 열리는 벼룩시장에 가보았다. 중·고등학생들이 학용품을 들고 나온 모습을 많이 볼 수 있었다. 만년필, 신발, 연필깎이, 책, 깨끗이 빨아 정리한 옷가지들……. 독일 부모들은 아이에게 많은 용돈을 주지 않는다는 것을 알았다. 어느 여학생에게 용돈에 대해 물어보니 3박 4일의 수학여행 때도 우리 돈으로 4천 원 정도를 받았다고 했다. 어쨌든 학생들은 벼룩시장에서 자기가 사용한 물건을 팔거나 거기에서 싸게 구해 쓰면서, 헌 물건을 사서 쓴다는 것을 결코 창피하게 생각하지 않았다.

나는 귀국하면서 내 아이를 교육하기 위한 두 가지 태도를 결심하고 돌아왔다. 첫 번째는 내 아이에게 용돈을 풍족히 주지 말자는 것이었다. 쓸 돈이 필요할 때는 정당하게 어디에 쓰려는지 어떻게 쓸 것인지를 요구하면 주겠다고 했다.

두 번째는 학용품도 아껴 쓰고 바꿔 쓰는 독일 학생들의 이야기를 들려주면서 비싼 학용품이 아닌 실용적인 것을 사주되, 중고제품을 살 수 있으면 그것을 사도록 했다. 옷도 비싼 제품보다는 튼튼하고 실용성 있는 제품으로 사주었다. 그런데 이렇게 싼 제품을 사준 것이 우리 아이가 친구들 틈에서 무시당하는 계기가 되었음을 나중에야 알았다.

우리나라 학생들은 유명한 브랜드를 무척 따진다. 그리고 그런 유명한 브랜드를 입지 못하는 아이를 '거지'라고 놀리는데, 엄마들이 얼마나 돈이 많기에 그렇게 고가의 제품을 사줄 수 있는지 이해가 안 간다. 어떤 아이는 가격이 백만 원이 훨씬 넘는 가방을 들고 다니면서 자랑을 한다고 하니, 그렇게 호화롭게 살던 아이들이 스스로 돈을 벌어서 살아야 할 때 어떤 일들이 벌어질까? 엄마들이여, 당신의 자녀가 한 달 초봉을 모두 가방 값으로 지불하고 빚을 지면서 살도록 키우고 싶은가? 내 아이를 진정 사랑한다면 학생 신분에 걸맞은 옷과 신발과 가방을 사주면 어떨까 싶다. 아이들에게 분에 넘치

● 독일에서 온 디르크(Dirk)에게 한국말을 가르치던 아들.

는 사치는 부끄럽다는 것을 깨닫게 해주는 부모가 현명한 부모이다.

독일 유학 시절에, 어느 날 화학 강의실을 찾아가서 화학과 1학년 학생들의 강의를 청강했다. 독일어가 짧아서 강의를 모두 알아들을 수는 없었지만 좋은 수업 방법을 배울 수가 있었다. 그런데 어느 날 그 학생들 중 남학생 몇 명이 내게 다가와서는 한국어를 배우고 싶은데, 자신들이 독일어를 가르쳐줄 테니 한국어를 가르쳐 달라고 했다. 나는 그날부터 그들에게 한국어를 가르쳐 주었다. 그들 중 디르크(Dirk)라는 학생의 한국어 실력은 나날이 눈에 띄게 발전해서 내가 한국으로 올 때쯤에는 많은 대화를 한국어로 할 수가 있었다.

그는 내가 한국에 돌아온 후 우리 집에 방문했다. 한국에 온 디르크는 나 대신 우리 아들에게 한국어를 배웠다. 우리 아들은 다른 나라 사람에게 한국어를 가르치는 것에 재미를 느꼈다. 사람은 다른 사람을 가르치면서 더 많은 것을 배우나 보다. 그 이후로 더 정확하게 글을 쓰는 아들을 볼 수 있었다. 엄마들이여, 아이에게 무조건 주입식교육을 하지 말고 아이로 하여금 자신이 알고 있는 것을 엄마에게 알려 달라고 해보자. 그렇게 하면 아이는 공부에 대한 자신감도 가질 수 있을 것이다.

# 창의적인 아이로 만들기 위한 교육환경은?

아이가 수학 공식 하나를 더 암기해 학교성적이 우수하기를 바라는 부모의 마음은 너무나 헛되고 헛된 것이다. 갈수록 창의성이 있는 사람이 인정받고 있다. 주어진 공부를 잘하는 사람으로 키우는 것보다는 창의적인 사람으로 키워야 한다.

창의적인 아이로 키우기 위해서는, 기다릴 줄 아는 엄마가 되어야 한다. 엄마들은 흔히 아이가 공부하다가 이내 집중하지 못하면 화를 내곤 하는데, 제아무리 집중력이 뛰어난 아이더라도 쉬는 시간이 필요할 수밖에 없다. 아이가 어떤 작업을 '진행 중'인 상태로 잠시 놓아두고 쉬는 시간을 갖고자 할 때는 이를 허용해 주어야 한다. 창의성을 발휘하기 위해서는 생각할 여유가 있어야 하기 때문이다. 창의적인 아이디어는 시간적으로 쫓기게 되면 절대로 나올 수가 없다. 대개의 창의적인 아이디어는 '숙고의 기간' 또는 '여유를 가진' 후에 나온다. 시간에 쫓기는 데서 생겨나는 초조감은 창의력을 발휘하는 데는 금물인 것이다.

특이하고 색다른 아이디어가 때로는 매우 가치 있는 발명으로 이어지는 경우가 많다. 비행기나 자동차에 대한 아이디어를 처음으로 생각해낸 사람들은 '정신 나간 사람'으로 취급받았으나 이 아이디어에 기초하여 세상이 변하게 되었다. 그러므로 엄마들은 창의적인 아이디어를 내놓은 아이들의 엉뚱한 생각을 때로는 존중해 주고, 기다려 줘야 한다. 그래야 아이들이 창의적 활동을 지속적으로 할 수 있는 것이다.

엄마와 아이의 관계는 종속적인 관계가 아니라 수용적인 관계가 좋다. 언제나 아이들이 자신의 존속물이 아니라는 것을 명심해야 한다. 하나의 인격체로 존중하며 그 역량을 인정해 줘야 한다. 숨 막히는 규칙을 정해 아이의 창의성을 억압하지 말고, 아이가 열심히 하는 모든 작업에 가치를 부여하고 함께 공유해야 한다.

아이의 성적보다는 성취를 강조하고 창의성을 높게 평가해 주어야 한다. 아이가 어떤 분야에 흥미를 보이는지 관찰하고 적극적으로 지원해 주며 더 많은 활동을 체험할 수 있도록 연극, 그림, 음악회 등을 보여주는 것도 좋은 교육방법이다. 창의적인 사고를 기르게 하기 위해서는 문제해결 과정에서 열심히 노력하도록 해야 한다. 만약 틀리더라도 괜찮다는 생각을 갖게 하고, 새롭고 특이한 아이디어를 실행해 볼 수 있도록 끊임없이 격려해 주어야 한다. 또한 지속적으로 자극을 주면서 언제든지 새롭게 도전할 수 있도록 하는 분위기를 만들어주면서 기다려 주어야 할 것이다. 새로운 생각을 창안해 내고 창의적으로 문제를 해결하는 데 요구되는 시간과 노력이 아무리 많이 들더라도, 즐거운 마음으로 꾸준히 활동할 수 있도록 하는 열린 공간과 시간을 만들어주는 것이 필요하다.

아이에게 이러한 교육환경을 만들어주는 것은, 엄마에게도 필요하며 교사에게도 필요하다. 성급하게 결과를 기다리려는 마음을 접고 아이를 믿고 천천히 기다릴 줄 아는 마음의 여유가 필요한 것이다. 그런데, 엄마에게는 이 '기다림'을 실천하는 것이 좀처럼 쉽지 않다. 교사인 나 또한 질문을 던지고 학생의 대답을 듣기까지 기다리는 시간이 왜 그리도 길게 느껴지는지……

강조하건대, 우리의 아이를 창의적인 사람으로 기르기 위해서는 여유 있게 기다릴 줄 알아야 한다.

Part 3

# 중학생 때부터
# 고등학생 때까지

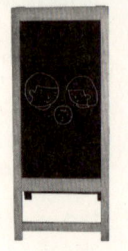

# 중학생, 자존감이 싹트는 시기

 아이가 중학교에 입학할 때 나는 실업계 고등학교인 춘천농공고에서 학생들을 가르쳤다. 전에 있던 진부고등학교는 인문계 고등학교였으므로 야간자율학습 지도를 순번제로 돌아가면서 해야 했지만, 춘천농공고에 와서는 비교적 일찍 퇴근할 수 있었다.
 저녁식사를 마치고 나면 숨 돌릴 틈도 없이 아이를 내 옆에 앉히고는 모든 교과를 지도했다. 영어, 수학, 과학, 국어 등 모든 교과를 지도하고는 날마다 문제를 풀도록 했다. 초등학교 때는 잠시 '학습장애' 증상을 보여서 공부를 가르치는 것을 포기하고 내버려 두었지만, 아이가 중학생이 되자 엄마의 혹독한 훈련을 견딜 수 있으리라 믿었던 것이다.

　나는 아이를 학원에 보내지 않았다. 아무리 학원이 잘 가르친다고 해도 엄마만큼 애정을 가지고 잘 가르치겠는가 싶어서였다. 그렇게 가르쳐 온 아이가 중학생이 되어서 처음 치른 중간고사 성적은 기대 이하였다. 밤마다 얼마나 열심히 가르쳤는데……. 더욱이 수학 성적은 기가 막혔다. 68점이었던 것으로 기억한다. 나는 검은색 쓰레기봉투를 가져와서는 아이에게 그 안에 들어가라고 했다. 그러면서 매정하게 내뱉었다.

　"종이도 쓸모없는 종이는 쓰레기통에 버린다. 사람도 공부를 못하면 쓰레기가 될 수 있다. 그 안에 들어가서 왜 성적이 그 정도밖에 나오지 않았는지, 무엇이 잘못되었는지 반성해!"

　그리고 밤늦도록 반성문을 쓰도록 했다. 그날 이후 아이는 무척 충격을 받았는지 말이 없어졌다. 필요한 말 외에는 하지 않았다. 그리고 밤마다 엄마와 함께 공부를 하고 나서도, 늦은 시간까지 아이의 방에는 불이 켜져 있었다.

　처음에는 충격을 받은 아들이 공부를 열심히 하는 줄 알았다. 문득 새벽 두 시경에 아이의 방에 들어갔는데, 뭔가 하고 있던 것을 숨기는 것이 아닌가? 빼앗아 보니, 만화를 그리고 있었던 것이다. 그리던 것을 빼앗아 찢어서 휴지통에 넣고는 몹시 화난 표정으로 그만 자라고 하고는 그 방을 나왔다. 화가 나서 견딜 수가 없었다. 그날 밤을 하얗게 샜다. 성적이 그 모양이면서 만화를 그리다니……. 철없는 아이를 용서할 수가 없었다.

다음 날 불시에 아이가 보는 앞에서 아이의 방 이곳저곳을 검사했다. 만화를 그린 것이 더 있나 싶어서였다. 아니나 다를까? 책꽂이에 빼곡히 꽂혀 있는 연습장들에는 모두 만화가 그려 있었다. 그동안 그려놓은 만화가 어찌나 많은지 기가 막혔다. 춘천농공고에서 학생들을 지도하느라 조금 소홀해져서 아이에게 신경을 덜 쓴 탓이라고 내 자신을 탓하면서, 만화가 그려져 있는 연습장 모두를 아이가 보는 앞에서 찢어버렸다. 그러자 아이는 소리 없이 눈물만 뚝뚝 흘리고 있었다. 그러고는 다시는 만화를 그리지 않겠다고 약속했다.

그러나 시간이 지나서도 불시에 검문검색을 해보면 여기저기에 만화가 수도 없이 그려져 있었다. 아이가 더 이상 만화를 그리지 못하게 하기 위해 아이와의 전쟁을 오랫동안 지속해야 했다. 나중에 아이에게 들은 말인데, 자신이 정성들여 그린 만화를 그렇게 한순간에 찢어버리는 엄마가 너무 미워서 가슴이 아팠다고 했다. 모두 자신의 자식 같은 창작물이기에 자신에게는 무척 소중한 것이었다는 것이다.

내가 가장 사랑하는 아들에게 어떻게 그토록 심하게 할 수 있었을까? 생각해 보면, 우리 아이는 사춘기였는데도 참으로 착한 아이였다. 그때 아이는 내게 단 한 번도 대들지 않았으니까. 그저 슬픈 표정을 지었을 뿐이었다. 그리고 오랫동안 엄마를 속여 왔던 것이 드디어 걸리고야 말았다는 것에 두려움을 느끼는 여린 사슴 같은 얼

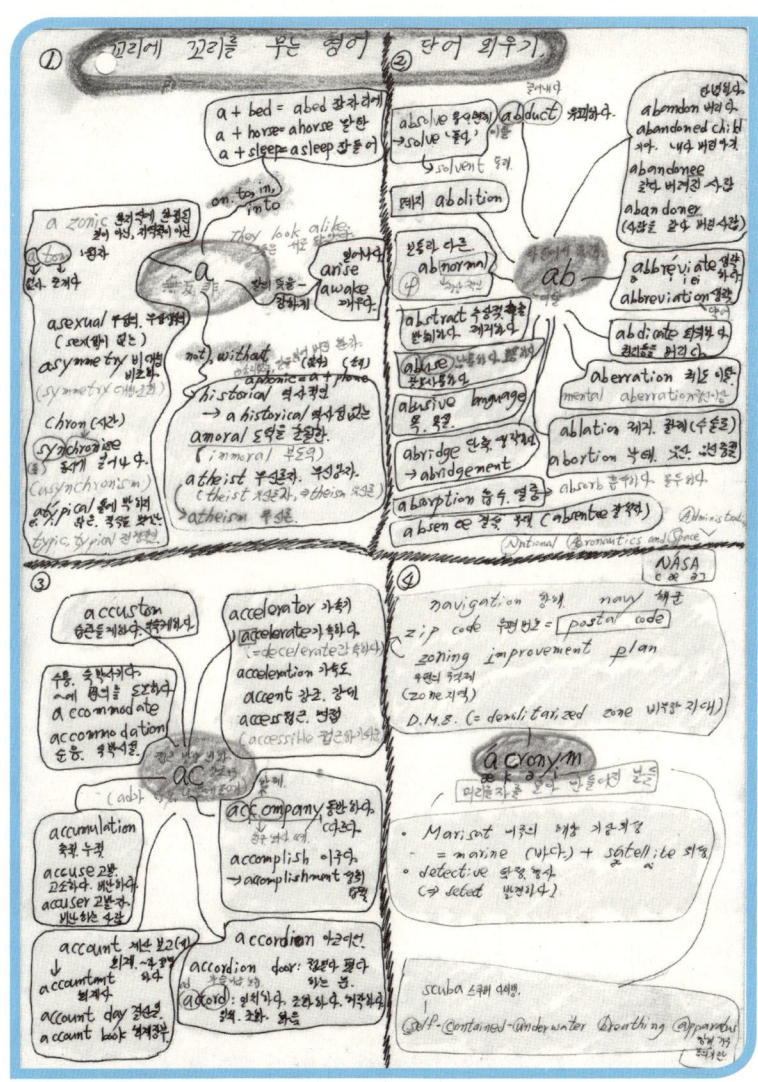

● 아들의 영어단어 학습을 위해 만든 자료.

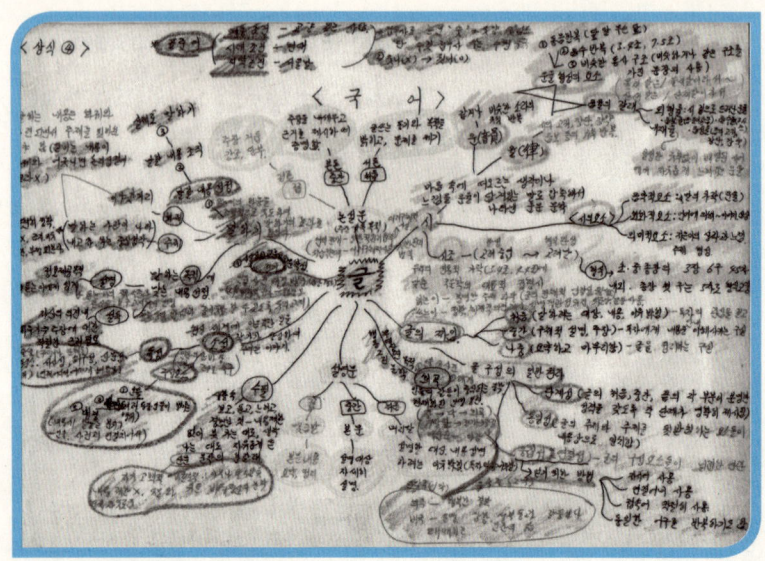

● 아들의 국어공부를 위해 만든 자료.

굴을 하고 있을 뿐이었다.

나는 그 당시에는 아이의 그런 마음을 헤아릴 수가 없었다. 내 아이가 얼마나 슬펐을지도 생각할 수가 없었다. 속상하고 화가 난 엄마는 아이를 그렇게 투명인간 취급을 하면서 아이의 감성에 씻을 수 없는 상처를 주고 만 것이다.

나는 그때 아이에게 물었다.

"어떻게 하면 공부를 제대로 하겠니?"

그러자 아이는 뜬금없이 엄마에게 한 가지 제안을 했다.

"엄마는 강원과학고에 못 가나?"

엄마가 꼭 과학고등학교 교사가 되어서 원주로 이사 가면 새로운 마음으로 공부를 시작하겠다고 했다.

"친구들에게 엄마가 춘천농공고 교사라고 이야기하려면, 괜히 창피해. 그러니까 과학고 교사가 될 수 있으면 그곳으로 갔으면 좋겠어."

나는 2002년 3월 1일자로 강원과학고등학교로 발령받게 되었다. 내 아이와의 약속을 확실하게 지킨 것이다.

그리고 나는 내 아이 또한 엄마와의 약속을 지키기 위해, 엄마를 기쁘게 해주기 위해 열심히 공부해 줄 것을 요구했다. 나는 새로운 학교생활에 적응하느라 내 아이에게 전처럼 열심히 시간을 내어 가르칠 수가 없었기 때문에 날마다 동동거리면서 아이를 재촉하기도 했다. 저녁만이라도 같이 먹기 위해 집에 잠시 들러 저녁시간에 해야 할 과제만 내주고 다시 학교로 가서 일했다. 그리고 10시가 넘어서 집으로 오는 날들도 많았다. 우리 아이는 그 시간까지 자지 않고 기다리면서 엄마를 반갑게 맞이했다. 잠이 없는 아이라서 그 시간부터 한 시간가량 아이와 이야기를 나누고는 바로 재우기도 했다.

나중에 알고 보니, 우리 아이는 엄마가 바빠야만 자신에게 자유가 생긴다는 것을 알았기에 내게 과학고에 갈 것을 권유했던 것이다. 그리고 내 아이는 방과 후에 직업훈련원에서 실시하는 청소년들을 위한 컴퓨터 관련 강의를 들으러 다녔다. 이 직업훈련원에서 배운 프로그래밍 실력으로 '고월(孤月)'이라는 이름으로 게임을 만들어서 대회에 출전해 보기도 했고, 나름대로 엄마의 감시망을 피해 행복한 자기만의 세계를 구축해 나갔다. 게임을 만들다 보니, 주인공의 캐릭터를 그림으로 그려야 하는데, 그림 실력이 부족하다고 느껴서 미술학원을 기웃거리기도 하면서 시간을 보냈던 것이다.

만약 그때 학교에서 학생들에게 그랬던 것처럼, 우리 아이에게 화를 내는 대신에 공부에 재미를 느끼게 하고 자신감을 가질 수 있도록 해주었더라면 어떻게 되었을까? 엄마로서 나는 많이 부족했던 것이다.

자녀교육을 하면서 엄마들이 흔히 저지르기 쉬운 실수는 '아이의 성격과 성적 등이 안 좋은 건 아이에게 문제가 있어서 그런 것'이라고 생각하는 것이다. 하지만 문제는 바로 아이가 아닌 엄마에게 있다.

그렇다면 좋은 엄마가 되기 위해 가장 필요한 것은 무엇일까? 아이에 대한 관심(심한 경우에는 간섭)과 물심양면적인 지원 등도 중요하겠지만 그보다 더 중요한 것이 있다. 바로 엄마 자신의 '자존감'이다. 자존감이 강한 사람은 아무리 어려운 일이 닥쳐도 잘 견뎌낸다. 자존감이 있어야 엄마로서 모범적인 삶을 살아가고 아이에게도 좋은 영향을 주는 것이다. 베스트셀러 ≪아이의 사생활≫에서는 부모의 자존감이 높아야 아이의 자존감도 높다는 연구 결과를 소개한 바 있다. 부모의 자존감이 높으면 자신의 아이가 공부를 못 한다고 해서 포기하지 않는다. 현재의 위기를 이겨내고 성공할 수 있는 아이로 키울 수 있는 것이다.

　아이가 잘되게 하려면 엄마부터 변해야 한다. 아이에게서 현재 어떤 문제가 발견되었다면, 그 문제의 원인을 아이가 아닌 자신에게서 찾아야 할 것이다. 그래야 부모 자녀의 관계가 좋아지고, 아이 스스로 성공에 이르게 할 것이다.

# 학교폭력과 아이의 자존감

학교에서 아이들을 가르치면서 나는 인성교육의 중요성을 누누이 깨닫곤 했다. 사춘기에 접어든 우리 아이에게 인성교육을 잘해 줄 수 있는 학교에 보내고 싶었다.

원주로 이사 올 때, 나는 일부러 천주교가 재단인 사립중학교를 찾았다. 중학교 2학년이 되는 우리 아이에게는 무엇보다도 인성교육이 필요하다고 여겨서 인성교육을 최고로 여기고 교육하는 학교로 알려져 있는 진광중학교를 선택한 것이었다.

아이가 다닐 학교를 먼저 선택하고는 거주할 아파트를 골랐다. 둘만 살 곳이 필요했기 때문에 넓을 필요가 없어서 무조건 학교 주변을 찾았다. 그런데, 그렇게 신중하게 선택한 그 학교에서도 학교폭력이 도사리고 있었다.

처음 우리 아이가 학교에 갔을 때 이른바 그 학교의 일진 아이들 열 명이 우리 아이를 빙 둘러싸고는 한판 붙자고 하면서 시비를 걸어왔다. 그러자 우리 아이는 그때 그 아이들에게 밀리면 그 학교를 다닐 수 없게 될 거라고 생각했다. 피할 수가 없다고 판단해 그 아이들 중 대표 한 명과 싸우자고 제안을 했다. 다른 아이들이 둘러서서 있는 가운데 적장의 대표와 죽을 각오로 싸웠는데, 기적처럼 그 아이의 코피를 터트렸다. 그 후로는 우리 아이에게 돈을 강제로 가져오라는 명령을 내리지 않게 되었다.

그러나 그 아이들은 여전히 다른 아이들을 괴롭혔다. 그런 광경을 볼 때마다 우리 아이는 쫓아가서 못하게 하고는 했는데, 한번은 그 아이들에게 당하던 약한 아이 하나를 우리 아파트 앞에서 만났다. 나는 그 아이가 우리 아이와 같은 반 학생이라고 해서, 그 아이에게 우리 집으로 가서 놀다가라고 했다. 그런데 이게 웬일인가? 우리 아이가 큰 소리로 내게 말했다.

"엄마, 쟤는 인간이 아니야. 나쁜 놈이야. 나는 저런 놈하고 친구 안 해……."

당황한 나는 그 아이가 듣는다며 조용히 말하라고 했더니, 우리 아들은 화난 목소리로 말했다.

"저 녀석이 들으라고 하는 소리야."

자초지종을 들어보니, 우리 아이는 그 아이가 다른 학생에게 돈을 빼앗기는 것을 몇 번이나 구해 주었다. 그런데 학교폭력의 문제를 누구보다 잘 알고 있는 그 아이가 어린 초등학생의 돈을 빼앗고 있는 현장을 아들이 보게 되었나 보다. 다른 아이들의 폭력으로 돈을 빼앗기면서 두려움을 경험했는데, 다른 약자에게 똑같은 짓을 하고 있었던 것이다. 우리 아이는 그 아이를 용서할 수 없다며 혀를 끌끌 찼다.

'당한 사람은 자신이 당한 만큼 똑같이 누군가에게 갚아주게 되어 있다'는 말이 있다. 학교폭력이 이렇게 도미노 현상으로 퍼지게 되는 것은, 당한 자가 가해자가 되기도 하기 때문일 것이다. 이러한 도미노 현상이 퍼지게 된다면 어떻게 될까? 최근에도 학교폭력이 심각한 사회적 문제로 대두되었는데, 학교폭력을 해결하려면 학교도 변해야 할 것이다. 학교는 공부만 가르치는 곳이 아니다. 아이들에게는 무엇이 옳고 그른지를 구분할 수 있는 도덕심과 양심 등에 대한 교육이 꼭 필요하다.

다시 우리 아이의 이야기로 돌아가 보겠다. 사춘기가 되면 반항심이 커진다고 하는데, 원주로 전학 오면서 우리 아이는 점점 용감해지기 시작했다. 숨어서 그림을 그리던 아이는 내가 퇴근해서 집에 와도 당당하게 내 앞에서 그림을 그리고 있었다. 너무나 태연한 모습으로……. 전에는 그림을 그리다가 들키면 어쩔 줄 몰라 했었는데, 당당하게 그리는 모습을 보면서 화가 나기보다는 어이가 없었다.

사실 우리 아이는 진광중학교로 전학 오면서 나를 속였다. 과학반에 든 것이 아니라 처음부터 미술반에서 활동을 했다. 진광중학교 미술선생님은 개인 미술전을 자주 여실 정도로 유명하신 분이셨다. 그런 선생님이 우리 아이에게 용기를 주셨던 모양이다. 그러자 어느 날 우리 아이는 자신의 장래 희망은 애니메이터가 되는 것이라고 당당히 밝혔다.

그 말을 듣고 나는 아무 말도 할 수 없었다. 항상 내게는 '과학자가 된다'고 했고, 중학교 가정조사서를 쓸 때도 자신의 장래희망 란에 분명 '과학자'라고 쓰는 것을 보았었는데……. 몇 개월 만에 어떻게 장래 희망이 바뀔 수가 있는 것인가? 그래서 나는 아이에게 물었다.

"너, 장래 희망이 과학자였잖아?"

"그건 엄마가 좋아하는 희망이니까 그렇게 쓴 거지. 나는 원래 어렸을 때부터 만화가가 되는 것이 꿈이었어. 지금은 애니메이션을 공부하고 싶어졌어."

그러면서 고등학교는 애니메이션고등학교를 가고 싶다는 것이었다. 그리고 아이는 내게 타협까지 해왔다. 애니메이션 고등학교가 싫다면, 예술고등학교에 가는 것은 어떻겠냐고 천연덕스럽게 묻기도 했다. 너무나 당황스러웠다. 이제껏 두려워했던 일이 때가 되어서 내게 돌아왔다는 생각도 한편 들었지만, 한동안 내 아이의 이 제안에 마땅히 대답해 줄 말이 없었다. 그저 한동안 잠을 자지 못하고 혼자서 고민을 했다.

학교에서 수업을 하는데, 열심히 내 수업을 듣고 있는 과학고 학생들의 눈빛을 들여다보다가 나도 모르게 눈물이 주르르 흘렀다. 돌아서서 눈물을 훔치면서 혼자 흐느끼고 있는 나 자신을 발견했다. 그 순간 학생들이 당황했었나 보다. 어떤 아이가 화장지를 슬며시 가져와서 내 손에 쥐어주었다. 잠시 울음을 멈추고, 내 고민을 학생들에게 이야기했다.

"우리 아들이 공부를 안 하고, 애니메이션을 공부하고 싶단다. 애니메이션고등학교를 가고 싶다고 하는데 왜 이렇게 슬프니? 어떻게 그 마음을 접게 할 수 있을까?"

그러자 우리 학생들에게는 또한 충격이었나 보다. 그렇게 강하고 무서운 선생님이 눈물을 보이다니……. 훗날 한 아이는 '우리 화학 선생님도 엄마라는 사실을 처음으로 깨달았다'고 학교 신문에 수필로 쓰기도 했다.

최종적으로 남편과 상의를 했다. 나는 하나밖에 없는 아들을 그림쟁이로 만들고 싶지 않다는 의견과 함께 아이를 설득해 줄 것을 부탁했다. 그러나 뜻밖에도 남편은 '자기가 하고 싶어 하는 것을 하게 해줘야지. 그래도 대견하네. 그 나이에 무엇이 하고 싶은지 꿈이 분명한 것을 보니. 나는 좋다고 생각하는데'라고 하는 것이 아닌가.

나는 남편이 충격 받을 것을 염려하면서 며칠 동안 잠을 못 이루고 고민한 끝에 이야기한 것인데, 이렇게 대수롭지 않게 이야기해 버리는 남편에게도 야속했다. 남편은 내게 말해 주었다.

"웅재가 당신의 소유물은 아니야. 당신이 엄마라고 해서 그 아이의 인생을 가지고 이래라 저래라 할 자격은 없어. 아이가 하고 싶어 하는 것을 최선을 다해서 지원해 주는 것이 부모의 할 일이야."

결국 나는 남편과 내 아이의 의견에 따라 내 아이를 과학자로 만들고 싶어 했던 나의 꿈을 포기해야 했다. 그리고 예술고등학교를 진학하기 위해서는 어떻게 지도해야 하는지를 알아보기 시작했다.

## 억지로 시키는 공부가 실패하는 이유

아들을 예술고등학교로 보내기로 결심하고 나서, 내가 가장 먼저 한 일은 서울에서 예술고등학교에 진학을 많이 시켜서 예고 진학생들 사이에서 유명하다는 개인 미술지도 강사를 구하는 일이었다. 대한화학회에서 편집위원 일을 하기 시작하면서 서울에서 근무하고 계신 선생님들을 통해 유명한 미술선생님을 소개받게 되었다. 욕심 없고 소박하면서 성실하신 훌륭한 선생님이셨다.

그림을 어렸을 때부터 그려왔지만 혼자서 마구 그려왔던 우리 아이, 우리 아이의 실력을 보고 처음에는 얼마나 한심스러우셨을까? 한 번도 미술학원에 다녀본 경험이 없는 아이를 다짜고짜로 데리고

● Hands On 과학센터에서 과학교사 지망생들에게 강의하고 있는 나. 이 사진은 미국에 함께 갔던 아들이 촬영한 것이다.

가서는 책임져 달라고 말하면서도 살짝 미안했다.

그러나 선생님은 잘못 배워와서 그 잘못된 버릇을 고쳐주는 데 시간을 허비하는 것보다는 소질만 있다면 처음부터 가르치는 것이 오히려 낫다고 말씀해 주시면서, 흔쾌히 우리 아이를 맡아주겠다고 하셨다. 이때가 바로 중학교 2학년 12월이었다. 겨울방학이 시작되면서부터 그 선생님이 계시는 미술학원에 보내려고 했지만, 나는 다음 달인 1월에 콜로라도 대학과 Hands On 과학센터에서 한 달 동안 초청강의를 하기 위해 미국에서 머물러야 했다. 아들과 함께 미국을 다녀와서 2월부터 본격적으로 미술학원에 가기로 했다.

미국에서 귀국한 다음 날, 바로 그 선생님의 미술학원으로 갔다. 사실 그곳은 미술학원이라기보다는 개인교습소 같은 곳이었다. 학원생을 많이 받지 않고, 책임지고 지도할 몇 명의 학생만 가르쳤으니까. 아이는 미술학원 옆에 작은 고시원 방을 구해서는 그 선생님과 지내기 시작했다. 고시원 방에서 잠만 자고 일어나서 세수하고 9시까지 미술학원에 가서는 선생님과 아침식사를 하고 하루 종일 그림을 배웠다. 선생님에게 밤 11시까지 집중 지도를 받았다. 그렇게 강하게 교육받는 것을 싫어하는 아이여서 걱정을 했는데, 이변이 생겼다.

미술선생님은 우리 아이에게 '잠시 쉬고 하자'라고 해도 우리 아이는 꿈쩍도 안 하고 계속 그림을 그리더라는 것이었다. 화장실 가는 시간도 아끼면서 허리도 펴지 않고, 밥 먹는 시간 외에는 하루 종일 앉아서 그림을 그리더라고 했다.

"저렇게 지독한 애는 처음 봤어요. 소질이 있다기보다는 정말 무섭게 노력하는 애라는 것은 확실한 것 같습니다."

2월 한 달 동안 그렇게 미술교육을 받은 우리 아이는 3월 1일에 고시원 방에서 나와 다시 원주로 돌아왔다. 중학교 3학년의 생활이 시작되었으니, 아이의 생활은 더 힘들어질 수밖에 없었다. 1학기 동안은 토요일 오후면, 서울의 그 학원에 가서 일요일 밤에야 돌아왔다. 그렇게 한 학기 동안 그림교육을 받았을 뿐이었는데, 우리 아이가 진학하려 했던 덕원예고에서 8월 초에 중학생들을 대상으로 한 미술실기대회가 있다는 것이었다. 그 미술실기대회에서 입상을 해야만 우리 아들 실력으로는 그 학교에 들어갈 수 있었다. 그 대회에 참가하는 학생들 중에는 유치원 때부터 그림을 그려온 학생들도 있고, 초등학교 때 이미 전국대회에서 상을 받은 학생들도 많다고 선생님께서 겁을 주셨다.

우리 아이가 나간 대회 종목은 '발상과 표현'이었다. 대회 결과가 발표되었을 때, 나는 내 눈을 의심했다. 특선이었다. 나는 그림을 볼 줄 모르니까, 그때 내 아이의 그림이 좀 특이했다는 것밖에는 잘 모르겠다. 다른 아이들의 그림은 모두 예쁘고 선이 고왔다는 것이 기억난다. 뭔가 어색해 보이는 그림, 그것이 우리 아들의 그림이었는데 그것이 특선이라니……. 그때 특선 이상의 상을 탄 학생 중에 남학생은 우리 아이밖에 없었다. 이상하게도 모두 여학생들이었다.

그리고 정말로 운이 좋았는지, 우리 아이의 노력 때문이었는지, 아니면 실력 있는 미술선생님 덕분이었는지, 우리 아이는 덕원예고에 당당히 합격했다. 얼마나 아이가 좋아하던지……. 처음으로 진정 행복해하던 우리 아이의 모습을 지금도 잊을 수가 없다. 우리 아이가 엄마의 뜻을 처음으로 거스르고 스스로 선택하고 도전해 성공한 관문이 바로 덕원예고였던 것이다.

우리 아이는 그날 내게 이야기해 주었다. 힘들어서 쉬고 싶을 때는 예고 입시에 실패할 때의 엄마 얼굴을 떠올렸다고. 그러면 잠이 오다가도 벌떡 일어났다는 것이었다. 내가 그렇게도 무서운 엄마였

나 보다. 나는 내 아이에게 좋은 엄마이고 싶었는데…….

원래 무엇을 해도 강하게 시키면 거부하는 아이였는데, 자신이 하고 싶은 것은 무섭게 집중하면서 열심히 하는 것을 보면서 나는 참으로 많은 것을 깨달았다. 공부든 뭐든 억지로 시키는 것은 정말 효과가 없다. 아이가 무엇을 좋아하는지를 파악하고 아이가 하고 싶어 하는 것을 하도록 지원해 줄 때 그 효과는 대단하다. 그날 나는 아이에게 이렇게 이야기했다.

"네가 재능이 있는지 없는지는 잘 모르겠다. 재능이 없다고 해도 우리 아들이 행복하다면 이제부터 얼마든지 지원해 주겠다. 나중에 어떻게 되든 그 대가는 네가 치러야 한다는 것을 명심해야 한다……."

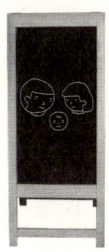

# 꿈이 있는 아이는 지치지 않는다

　예술고등학교의 미술학과에 입학할 때만 해도 우리 아이는 세상을 모두 얻은 것처럼 행복했다. 가장 어려울 것 같았던 엄마의 허락을 받고 나서 짧은 기간 동안의 혹독한 훈련 끝에 입시에 맞는 그림을 그리게 되었고, 어렸을 때부터 꿈꾸어왔던 꿈을 이루었으니까. 그러나 예술고등학교에는 둘째가라면 서러워할 만큼 자부심을 가지고 이제껏 그림을 열심히 그리면서 살아온 학생들로만 100명이 모여 있었다. 우리 아이가 학교에서 그 학생들의 수준을 따라가는 것은 결코 쉬운 일이 아니었다.

　아들이 예고 실기시험을 보는 이틀 동안은 연가를 내고 아들 옆에 있어주고 싶었다. 하지만 하필 그때에 중요한 출장을 가게 되었다. 교장선생님을 모시고 전국 과학고연합으로 과학고 입시문제를 연구하기 위해 서울교육문화회관에서 토론회를 해야 했기 때문이었다. 다른 사람에게 대신 가달라고 하기에는 눈치가 보였다. 10명의 과학교사 중에서 여자는 나 혼자인데, 개인적인 사정을 이야기하면서 토론회에 빠지면 여자라서 공과 사를 구분하지 못한다는 이야기를 들을 수 있었다. 그리고 나는 단 한 번도 집안 사정 이야기를 하고 학교 일을 빠진 적이 없었다.

아들이 시험보고 있을 때 나는 토론회장에 있었다. 토론회장에서 서로 이야기를 주고받는 내용이 하나도 귀에 들어오지 않았다. 더 이상 참을 수가 없었다. 교장선생님께 죄송하다는 말씀을 드리고 그 자리를 박차고 나와서 덕원예고에 갔다. 지금도 교장선생님께는 참으로 미안하다. 교장선생님을 모시고 온 교사가 중간에 도망이라니…….

학교에 도착해 보니, 학부모들이 운동장에서 부들부들 떨면서 기다리고 있었다. 한참을 기다리자, 입시생들이 실기시험을 마치고 하나둘씩 걸어 나오고 있었다. 나는 걸어 나오는 학생들의 장비를 보면서 깜짝 놀랐다. 미술장비를 무엇을 사줘야 할지 몰라서 아들에게 알아서 사라고 했었는데, 우리 아들은 작은 붓 하나가 담겨진 작고 빨간 플라스틱 통과 가방만 달랑 들고 나오는 것이 아닌가. 이것 저것 많이도 들고 나오는 다른 아이들에 비해 우리 아이가 너무 초라해 보였다. 시험을 치를 때 감독하는 선생님들이 아마도 '쟤는 정말 찢어지게 가난한 학생인가 보다. 예고에 오면 학교는 다닐 수 있겠나?' 하고 뽑아주지 않을지도 모르겠다고 걱정했다.

아들을 운동장에서 만나자마자 그 이야기를 했더니, 실력이 없는 게 문제이지 장비가 무슨 문제냐면서 이 정도면 그림 그리는 데 문제없으니 괜찮다며 웃었다. 우리 아들은 예고에 다닐 때도 입학시험을 치를 때 썼던 그 빨간 플라스틱 통을 버리지 않고, 초라한 장비를 가지고 그림을 그렸다. 나는 그날, 몇 시간 동안 실기시험을 보느라 고생한 아들에게 맛있는 점심을 사 먹였다. 그러면서 떨어지든 합격하든 그건 심사위원들의 손에 넘어갔으니, 더 이상 생각하지 말자고 하면서 아들에게 격려해 주었다.

이날 기대하지도 않았는데, 엄마가 달려와서 점심을 사주자 우리 아들은 큰 힘을 얻을 수 있었다. 엄마와 점심을 함께 먹은 것을 생각하면서 다음 날 수채화 시험을 보았는데, 시험을 더 잘 볼 수 있었던 것이다. 때로는 엄마의 작은 결단이 아이에게 큰 에너지를 줄 수 있다는 것을 경험했다.

나중에 알게 된 것인데, 사실 예고에 다니는 학생들 중에는 가정형편이 좋은 학생들이 많다고 한다. 그래서 고가의 가방과 유명한 브랜드의 옷, 운동화를 가지고 있다고 한다. 그러나 우리 아들은 동네 신발가게에서 싸고 튼튼한 운동화를 골라 신었고, 가방과 옷도 시장제품을 샀다. 그래도 당당하게 학교에 다녔던 우리 아들은 거지

취급을 당했다는 것이다. 게다가 아들은 간신히 입학은 했지만, 그림 그리기를 너무 늦게 시작해서 오랫동안 해온 친구들의 실력을 따라잡기 위해서는 더 많은 노력과 연습이 필요했다. 그러면서 학업도 따라가야 했기에 날마다 스트레스가 밀려왔다. 하지만 자신이 고집해서 입학하게 된 학교에서 생활하기가 힘들다고 하면 엄마가 어떻게 반응할지 걱정되어서 항상 좋은 점만 이야기했던 것이다.

그럼, 내 아이는 그 힘든 시기를 무엇을 하면서 어떻게 극복했을까? 아들은 덕원예고에 다니는 동안 학교 주변에 옥탑 방을 얻어서 자취를 했고, 나 또한 원주에서 교사생활을 했고, 남편은 중곡동에서 교회 담임목사 생활을 했다. 세 식구가 모두 따로 살고 있었던 것이다. 우리 셋은 토요일마다 중곡동의 남편 집에 모여 같이 저녁을 먹고 주일 예배를 드리고는 일요일 저녁에 서로 헤어져 각자의 집으로 돌아가곤 했었다. 우리가 함께 모여 있는 동안 아들은 일주일 동안 있었던 일들을 주로 들려주었다. 아들의 이야기를 들으며 우리 부부는 매우 즐거워했다.

아들은 정말 힘들게 살았을 텐데, 단 한 번도 힘들다는 이야기를 하지 않았다. 왜냐하면 아들에게는 꿈이 있었기 때문에 지치지 않은 것이다. 일주일 동안 그린 작품을 사진으로 찍어서 보여주기도 했고 자신의 꿈에 대한 이야기를 들려주었다. 예고에서 그림의 기초를 배우고 대학은 일본으로 갈 것이라고 자신의 진로에 대해 선언했다. 애니메이션 공부를 해보고 싶다는 것이었다. 다만 어느 지역의 어느 대학으로 가는 것이 좋을지를 알아보고 있는 중이라면서 자신의 대학 문제는 스스로 해결할 것이라고 했다. 그렇게 하는 것이 옳은지는 잘 모르겠지만, 아들의 선택을 그저 믿고 따라주기로 하고 항상 아들의 이야기를 들어주었다.

'아이에게 고기를 주지 말고 고기를 낚는 낚싯대를 건네주라'는 말이 있다. 나는 아들이 고등학교에 합격한 후, 자취방을 얻어주고 자취에 필요한 물건을 사주고는 첫 이사를 하는 데까지만 도와주었지, 그 방에 가서 빨래를 해준 적도 방을 치워준 적도 냉장고를 열어서 먹을 것을 확인해 준 적도 없었다. 혼자서 모두 해결할 수 있다고 하는 아들의 말을 믿었고, 고등학생이면 홀로서기를 해도 괜찮다고 생각했기에 아들의 판단을 따랐다.

그런데 우리 과학고 학생들의 엄마들은 좀 다르다. 엄마들이 토요일 오후만 되면 자녀의 기숙사에 들러 기숙사 방을 치워주고, 빨래를 해주는 등 자녀를 어린아이처럼 돌봐준다. 그것이 교육상 옳은 것인지에 대해 동료교사들과 의견을 나누곤 했는데, 나는 자신이 할 일을 스스로 할 수 있도록 기회를 주고 기다려주는 것이 옳다고 여겼다.

하지만 나도 엄마는 엄마이다. 우리 아이는 매일 저녁 늦은 시간에 돌아오는데 세탁기를 옥탑 방에서 돌리면 주인집 사람들이 잠에서 깨어날까 봐 손빨래를 자주 했다고 했다. 그 말을 듣고 나니 마음이 아팠다.

엄마가 옆에서 챙겨주지 않았어도 홀로 자취하면서 힘든 생활을 잘 견뎌준 아이, 비뚤어지지 않고 오로지 앞을 향해 나아갔던 아이가 새삼 대견스러웠다. 공부를 더 잘했더라면 좋았겠지만 이제는 자신이 가고 싶은 길을 향해 최선을 다해 걸어가는 아들의 모습이 대견할 뿐이다.

# 늦었다고 생각할 때가 지금 당장 실천해야 할 때

　우리 아이가 초등학교 5학년 2학기가 될 때였다. 춘천농공고로 9월 1일자 발령을 받고 부임하던 첫날, 정보산업과 담임배정을 받고는 교실에 들어갔다. 담임이 처음 바뀌는 날, 다섯 명이 결석을 했다. 첫날부터 결석한 아이들의 집으로 전화를 걸어서 학생들이 왜 결석을 했는지 이유를 알아보면서 나는 놀라지 않을 수 없었다. 결석한 아이들의 부모님들은 2학기가 되면 담임이 바뀌기 때문에 3일 동안은 휴교를 한다는 이야기를 들었다고 하면서, 아이들이 돈을 타서 강릉으로 여행을 갔다고 했다.
　부모님들도 학교를 다니셨을 텐데 아이들의 말도 안 되는 그 거짓

말을 믿어주고 돈을 주면서 여행을 보냈다는 것이 이해되지 않았다. 게다가 첫날, 종례를 하려고 교실에 가보니 정확하게 40명의 학생 중에 아홉 명만 남아서 나를 기다리고 있었다. 수업이 끝나기 전에 쏜살같이 교문 밖으로 나간 것이다.

너무 화가 났다. 이제껏 교사생활을 하면서 실업계 학교 근무는 처음이어서 이런 경우가 있다는 것을 말로만 들어봤지, 이렇게 당해 보고 나니 어처구니가 없어서 말이 나오지 않았다. 하지만 아이들은 체벌보다는 상에 약한 법이다. 일단 학교 앞의 가게에 가서 아이스크림 아홉 개를 급하게 사왔다. 남아서 선생님을 기다려준 상이라고 하면서 칭찬해 주고는 남아 있던 아이들을 종례를 마치고 보냈다.

그리고 퇴근 후에 아들과 함께 즐거운 시간을 보내려고 계획했던 것을 모두 제쳐두고, 저녁을 먹고 나서 모든 학생들의 집으로 전화를 했다. 우선 새로 부임한 담임교사로서 인사를 드리면서, 댁의 자녀가 도망간 것을 부모님께 고하고 내일은 그런 일이 없도록 지도해 달라고 했다. 반면에 도망가지 않고 기다려준 학생들의 부모에게는 참으로 착한 학생이어서 고맙다는 인사까지 건네 드렸다.

다음 날, 종례 시간에 도망간 학생이 아무도 없어서 45개의 아이스크림을 사줄 수 있었다. 하지만 날마다 아이스크림으로 아이들이 수업 중간에 도망가는 것을 막을 수는 없었다. 쉬는 시간에 친구와 다투면 집으로 가버리는 학생이 있는가 하면, 수업이 시작되어도 학교에 오지 않는 경우도 있었다. 그러면 학생들이 모여서 놀고 있다는 아지트를 덮쳐서 잡아 오기도 했다. 모든 학생들이 며칠간 잘 다녀서 안심하려 하면, 또 몇 명이 가출을 해서 하루하루가 살얼음판을 걷는 듯했다.

퇴근해서 집에 가면 내 아이를 거두고 챙기기 전에 학생 집에 전화를 걸었다. 부모님이나 학생과 이야기하느라 몇 시간을 보내야 했고, 퇴근하면서 학생들을 찾으러 여기저기 다녀야 했으니 학교생활이 너무 힘들었다. 어느 때는 싸우다 걸려서는 경찰서에서 무릎 꿇고 앉아 있는 학생들을 데려오기도 했다. 그러면서 겉으로는 조용하게 타일렀지만 속으로는 점점 아이들을 미워하고 있는 나 자신을 발견할 수 있었다. 도대체 이 아이들은 왜 이럴까? 확실한 원인 분석이 필요했다.

춘천농공고는 춘천 지역에서 중학교 성적이 하위 5퍼센트인 학생들이 오는 학교였다. 홍천농고를 떨어진 학생들이 진학할 수 있는 학교라서, 홍천에서 통학하는 학생들도 있었다. 하지만 성적이 나쁜 아이들이 모였다고 해서 모든 아이들이 불성실하지는 않을 것이라고 생각했다.

일단 이 학생들에게 꿈을 심어주고 싶었다. 꿈이 있고 내일이 있으면 저렇게 함부로 살지는 않을 것이다. 아이들에게 대학에 갈 수 있다는 희망을 주고 싶었다. 정원 외로 실업계 학생들을 뽑는 대학들에 대한 데이터를 보여주면서 일단 자격증부터 따보자고 설득했다.

예상했던 것과는 달리, 자격증을 따기 위해 학원을 다니는 학생들의 수가 적었다. 나는 곧바로 자격증 공부를 위한 책을 샀고, 내가 먼저 그 책으로 공부를 했다. 그리고 아침 자습시간에 일찍 온 학생들에게 내가 이해한 부분만 조금씩 가르쳤다. 그리고 방과 후에 나와 같이 남아서 공부하고 싶은 학생은 남으라고 했다. 원래 공부를 못하는 학생들이었기 때문에 아무도 남지 않을지도 모른다고 생각했는데, 우리 반 학생의 반 이상이 남았다. 심지어 한글도 모르는 학생도 남았다.

나는 이 학교에서 과학반도 만들었다. 과학반 활동을 하고 싶은 학생은 성적에 관계없이 모두가 가입해 활동하도록 해주었다. 그러고는 그 아이들에게 자부심을 심어주고, 교내 과학실험 축전을 1년에 두 번씩 갖게 했다. 춘천시에서 삼성컨벤션홀을 빌려서 과학축전을 할 때도 우리 학교 과학반 아이들이 세 가지 실험이나 참여했다. 우리 학생들의 설명을 듣던 분들 중에 우리 학생 중에 한글을 모르는 학생도 있었다는 것을 아셨다면 어떻게 생각하셨을까? 그 학생은 한글은 몰랐지만 내가 가르쳐준 실험원리를 모두 암기해냈다. 사람들 앞에서 당당하게 설명하는 그 학생의 모습을 보며, 우리 아이가 한글을 배울 때 그림책을 몽땅 외워버렸던 것을 생각해냈다. 늦었다고 생각할 때가 지금 당장 실천해야 할 때이다. 그 아이에게 한글을 가르치면 가능할 거라고 생각했다.

나는 교내 과학경시대회, 과학실험대회, 과학발명아이디어대회, 과학신문만들기 대회 등 한 달에 한 가지씩 과학대회를 열어 푸짐하게 학교장상을 주도록 교내행사를 기획했다. 그 이유는 이제까지 상을 받아본 적이 없는 학생들에게 학교장상을 받아보는 기쁨을 안겨줌으로써, 학교에 다니는 기쁨을 맛보게 해주고 싶어서였다. 교장선생님께 그러한 생각을 말씀드렸더니, 적극적으로 밀어주셨다.

어느덧 과학실에 학생들이 자주 놀러오기 시작했다. 나는 과학실에 학생들이 읽을 만한 과학도서를 비치해 달라고 교장선생님께 말씀드려서, 재미있고 쉽게 읽을 수 있는 책들을 과학실에 비치하여 과학도서실을 만들었다. 그러고는 교내 과학독후감대회를 열었다. 대회에 참여만 해도 푸짐하게 상을 탈 수 있으니 많은 학생들이 참여했다. 학교장상을 너무 남발한다고 비평하는 사람들도 있었지만, 나는 학생들이 결석하지 않고 학교에 오게 하는 구실을 만들어주는 것이 필요하다고 여겼던 것뿐이었다.

이 학생들을 가르치기 위해서는 이전보다 더 많은 연구를 해야 했다. 나는 교과서의 모든 내용을 가르쳐야 한다는 생각을 집어던져 버렸다. 교과서 중에 재미있게 실험할 수 있는 주제와 꼭 알아야 한다고 생각되는 개념만을 발췌해 학생들과 함께할 수 있는 시간을 만들었다. 아이들은 의외로 STS 수업을 좋아했다. 생활 속에서 학생들이 관심을 가질 만한 주제를 가지고 역할놀이도 하면서, 그 개념을 스스로 터득하게 했다. 폭주족에 관한 역할놀이를 하면서, 오토바이로 빨리 달리다 사고가 나면 죽을 확률이 왜 큰지에 대해 친구들에게 설명하도록 했다. 그리고 나서 속도와 가속도의 개념을 가르쳐 주었다.

아이들은 가방 속에 과학노트를 꼭 가지고 다녔다. 물론 안 가지고 오더라도 나무라지는 않았다. 나는 노트도 다시 주고, 볼펜도 다시 주었다. 그날 필기한 것은 꼭 검사했고, '칭찬'을 노트에 꼭 표시해 주었다. 아이들은 노트에 '칭찬' 표시를 받은 것을 자랑하기도 하면서 좋아했다.

자신도 잘 모르는 것을 아이에게 무작정 가르치려 들면, 좋은 엄마든 좋은 선생님이든 절대 될 수 없다. 나는 다음 해에 방송통신대학 컴퓨터과학과 3학년에 편입해 컴퓨터에 대해 공부했다. 아이들에게 과학교과 말고도 더 많은 것을 가르쳐 주고 싶었기 때문이다. 컴퓨터과학과를 졸업하지는 못했지만, 컴퓨터 관련 공부를 하면서 학생들이 취득했으면 하는 자격증 관련 공부를 학생들에게 가르치면서 같이 시험도 보았다. 자격증은 내가 먼저 땄다. 워드프로세서, 컴퓨터 활용능력, 정보처리기능사, 정보기기운용기능사 등.

그런데 학생들 중 상당수가 의외로 학원에 가고 싶어도 돈이 없어서 못 가는 학생들이 많았다. 나는 그런 학생들을 위해 종례 후에 남아서 자격증을 따기 위한 공부를 가르치면서 학생들과 또 다른 인연을 만들어가기 시작했다.

하지만 이러한 사실을 공과선생님 한 분에게 들키면서 무서운 돌풍이 불기 시작했다. 나는 단순하게 학생들에게 도움이 될까 해서 방과 후에 아무 조건 없이 컴퓨터 자격증과 관련된 공부를 가르친

것뿐인데, 다른 교과를 침범했다고 공과선생님들 25명이 교장실에 몰려간 것이다. 그분들은 한미애 교사를 다른 학교로 쫓아내지 않으면 자신들이 모두 다른 학교로 전근을 가겠다고 했다.

그런데, 교장선생님과 교감선생님은 내 편이 되어주셨다. 오히려 그분들에게 호통 치신 모양이다. 그렇지만 나 하나 때문에 여러 사람이 피해를 입어서야 되겠는가. 결국 나는 그 학교를 떠나기로 결심했다. 앞에서 언급했듯이, 우리 아이가 엄마가 과학고로 옮겼으면 좋겠다는 소리를 하자마자 한 치의 망설임 없이 과학고 우선전형교사로 지원서를 낸 것도 실은 이 결심과 맞물린 것이었다. 처음에는 어떻게 근무할 수 있을까 고민하면서 참으로 힘들게 지냈지만 막상 학교를 떠나게 되니, 나는 송별회식 자리에서도 이임인사를 할 때도 말을 맺지 못하고 울고 말았다. 그간 정을 쌓은 학생들을 그곳에 남겨두고 와야 했기에…….

가뭄 끝에 비가 온다고 했던가. 송별회식 자리에서 공과선생님 몇 분이 오셔서 내게 '저는 선생님을 존경합니다. 참 많이 배웠어요'라고도 했고, '저는 선생님이 진정한 선생님이라고 생각해요. 힘내세요'라고 말씀해 주셨다. 그 자리에는 공과부장이었던 선생님, 내게 가장 큰 불만을 느끼셨던 주동자 선생님도 있었다.

훗날 그분은 자신의 아들이 과학고에 입학해 학교에서 꼴지를 하자 내게 데려와서는 잘 부탁한다고 인사를 했다. 그렇게 내가 미워서 교장실을 점령하고 난리를 쳤던 분이셨는데, 그분의 진심은 그게 아니었다고 했다. 이전의 감정은 모두 잊고 정말로 내 아이를 진심으로 지도할 선생님으로 믿는다고 하면서 아이를 내게 개인적으로 지도해 줄 것을 부탁하셨다. 지금 그분은 나의 팬이 되었다. 전화 한 통이면 언제든 달려오셔서 내게 도움을 주시니까…….

# 고등학생의 반항심, 가는 말이 고와야 오는 말도 곱다

담배와 이성교제, 춘천농공고에서 학생들을 지도하면서 가장 힘들었던 것은 그 두 가지였다. 학창시절의 순수한 사랑은 아름다운 추억이 될 수도 있다. 하지만 정도가 지나치게 되면 심각한 문제가 생기게 마련이다.

사춘기의 아이들은 이성교제를 하는 친구들의 이야기를 부러움에 사로잡혀 듣다가 호기심 때문에 이성교제를 시작하고 결국은 헤어 나오지 못하고 빠져든다. 이때 바른 성교육이 절대적으로 필요한데, 이 시기의 아이들은 어른들의 말이 귀에 들어오지 않게 마련이다. 절대적으로 입이 무겁다고 여겨지는 신뢰받는 어른에게만 자신의 이성고민을 이야기하므로, 이런 학생들의 주위에 믿고 이야기할 수 있는 어른이 있지 않으면 문제가 발생하게 된다.

아이들은 담배 역시 처음에는 호기심 때문에 피우게 된다. 처음 농공고에 올 때, 쉬는 시간이면 화장실 한 칸에 두세 명씩 들어가서 흡연을 하고 나오는 아이들이 정말 이상하게 여겨졌다. 그러나 내가 이해하지 못한다고 그 아이들을 용납하지 못하면 그 아이들은 갈 곳이 없다. 그렇다고 해서 아이들에게 담배를 마음껏 피우라고 할 수도 없는 노릇이다. 나는 아이들에게 흡연량을 줄여보도록 유도할 수밖에 없었다.

그때는 아무래도 지금보다 흡연에 대한 단속이 심한 편이라서, 학생과 선생님들이 아침마다 가방 속의 담배를 압수했다. 하지만 아이들은 담배를 어디에서 구했는지 오후에는 몰래 숨어서 흡연을 하는 것을 볼 수 있었다. 그때 멋쟁이 교장선생님께서 흡연구역으로 운동장 옆의 테니스 코트 사이의 공간을 지정해 주셨는데, 쉬는 시간이면 얼마나 많은 학생들이 그곳에서 흡연을 했는지 운동장 구석에서 뿌옇게 올라오는 연기를 보며 불이 났다고 신고하던 주민도 있을 정도였다.

2001년 6월 19일, 우리 학생늘이 속초의 잼버리 야영장으로 캠프를 떠났다. 버스를 대절해서 속초 잼버리 야영장에 도착하자마자, 나는 우리 반 학생들에게 담배를 가져온 것이 있으면 모두 내게 맡기라고 했다. 괜스레 야영장 조교들에게 모두 빼앗기면 3박 4일 동안 담배연기도 못 맡게 될 거라고 하면서 말이다. 그랬더니, 우리 반 학생들에게서 나온 담배가 70갑이 넘었다. 나는 그것들을 교사 숙소로 가져가서 숨겨놓았다. 저녁시간에 모든 일정이 끝나고, 힘들다고 내게 오면 우리 반 아이들에게 한 개비씩 내어줄 심산이었다.

그런데, 숙소로 도착하고 나서 짐을 풀고 옷을 갈아입으려 하는데 남편에게서 전화가 왔다. 시아버님께서 좀 전에 임종하셨다고……. 그길로 가방을 주섬주섬 싸들고 바로 춘천으로 달려갔다. 그리고 아들을 데리고 아버님을 모셔놓았다는 장례식장인 강남성심병원으로 갔다.

1991년 12월에 뇌졸증으로 쓰러지신 후 10여 년을 반신불수로 누워계셨던 시아버님이 돌아가신 것이다. 시집 식구 중에서 나를 가장 아끼고 사랑해 주셨던 아버님의 모습을 다시는 뵐 수 없다고 생각하니, 가슴이 아팠다. 몸도 제대로 못 가누시면서 내가 서울 집에 왔다가 지방 학교로 가는 날이면, 베개 밑에 숨겨두셨던 꼬깃꼬깃한 만 원짜리 지폐 몇 장을 맛있는 것을 사먹으라면서 건네주셨다. 그리고 평소에도 맛있는 것이 생기면 어떻게 해서라도 며느리인 나와 손자인 우리 아이를 먹이시려고 꼭꼭 숨겨두셨다. 어떤 날에는 그것이 상해 있었지만, 그러한 아버님의 마음을 간절히 느낄 수 있었다. 그렇게 자상하시고 좋은 분이셨던 아버님께 큰며느리로서 마음껏 잘해 드리지 못한 것이 죄송스러워서 한없이 눈물을 흘렸다. 아버님은 큰며느리인 나와 함께 살고 싶다고 항상 말씀하시곤 했는데…….

장례식을 치르고 학교로 돌아왔을 때, 담배를 모조리 회수해 간 내가 없는 동안에 담배연기도 구경하지 못한 우리 반 학생들의 원성은 대단했다. 3박 4일 동안 정말로 죽을 것 같았다는 둥 얼마나 힘들었는지 아느냐는 둥 얼마나 잔소리를 해대던지…….

우리 반에는 여학생이 남학생보다 더 많았는데 담배를 안 피우는 학생은 45명 중에 10명도 안 되었다. 혹시나 담배를 피우지 못하면 왕따가 될까 봐 배우게 된 것일까? 착하다 싶은 여학생들도 대부분 담배를 피우고 있는 것이 이상했다. 하지만 나는 알고 있었다. 왜 흡연이 나쁜지를 이야기해 주더라도 아이들이 피우고 있는 담배를 끊게 할 수는 없다는 것을. 그렇다면 미래에 대한 희망을 꿈꾸면 오늘을 건강하게 살기 위해 끊게 될까? 학생으로서 행복하게 살기 위한 방법을 어떻게 알려주면 될까? 나는 참으로 많이 고민했었다.

인문계가 아닌 실업계 학생들이 가장 싫어하고 분노하는 말은 두 가지가 있다. '돌대가리'라는 말과 '네 부모한테서 도대체 뭘 배웠니?'라는 말이다. 어느 선생님이 한 아이에게 '돌대가리'라고 하자, 화가 난 그 아이는 그 선생님에게 한 번만 더 자신에게 그런 말을 하면 가만 안 놔둘 거라고 그 자리에서 대들었다. 또 다른 아이는 그런 말을 듣자마자 교실을 뛰쳐나가서 학교로 안 돌아오기도 했다.

사람은 누구나 자신의 약점 같은 것을 건드리면 분노하지 않을 수 없다. 그래서 나는 '돌대가리'라는 말에 상처 입고 속상해하는 아이들에게 이렇게 말해 주었다.

"돌에는 얼마나 단단하냐에 따라서 1등급부터 10등급까지 있단다. 다이아몬드가 10등급이라서 제일 나쁜 머리이고, 석영이 7등급인데 너는 석영이야, 다이아몬드야?"

아무리 답답하다고 해도, 굳이 아이의 머리가 나쁘다는 것을 다시 한 번 강조할 필요는 없을 것이다. 실업계 고등학교에서는 그저 내 수업을 들어주고 나와 함께 호흡해 주는 것만으로도 나는 만족해하면서 수업을 했다.

학생들을 야단칠 때는 그 학생이 잘못을 일으켰을 때의 행동을 가지고 혼내야 한다. 혼낼 때마다 과거의 잘못을 들먹이면서 이야기하면 아이들은 잔소리로 여기고는 더 이상 듣지 않는다. 게다가 공부를 못 해서 농공고를 오게 된 아이들이라 해도 적어도 부모님께 미안한 마음은 갖고 있다. 그런데 자신이 잘못했다고 해서 '네 부모한테서 도대체 뭘 배웠니?' 하는 말을 듣게 되면, 자신의 잘못으로 부모까지 욕먹게 한다는 것이 미안해져서 마음속에 숨겨져 있던 분노를 일으킨다. 분노가 심해지면 교사에게 대들기도 하고, 주먹을 휘두르기도 한다. 지극히 순간적인 충동으로……

'가는 말이 고와야 오는 말도 곱다'는 옛말이 있다. 이 세상에는 이유 없는 반항을 하는 아이는 없다. 아이들이 반항하게 되는 것은 교사나 부모가 아이의 마음을 상하게 하는 말을 던졌기 때문이다. 아이를 야단칠 때는 아이 스스로 자신의 잘못을 납득할 수 있도록 설득해야 한다. 그래야 아이들은 자신의 존재를 인정해 주는 사람에게 마음의 문을 열게 되고, 자신의 잘못을 비로소 받아들이게 되는 것이다.

# 아이들이 문제를
# 일으키는 데는
# 반드시 이유가 있다

중학교 1학년이었던 우리 아이가 애니메이션 작가를 꿈꾸고 있다는 사실을 전혀 모른 채, 아이의 성적을 올리려고 밤마다 아이와 힘든 줄다리기를 하며 하루하루를 힘들게 보내고 있을 때였다. 학교에서 피비린내 나는 일을 겪어야 했다.

춘천농공고에서 있었던 일이다. 그날따라 아침 일찍 출근을 했었다. 그 학교에서는 과학실 옆에 작은 사무실이 있었는데, 그곳에는 과학교사 둘만이 근무를 하고 있었다. 아침 일찍부터 한 아이가 얼굴이 붉어져서는 히죽히죽 웃으며 문에 기대어 서서 얼굴만 빼꼼히 내밀고 말했다.

"선생님, 저 선생님 뵈려고 학교에 일찍 왔는데요……."

그 아이에게 어서 들어오라고 했더니, '저 못 들어가요' 하는 것이 아닌가. 평소에는 굉장히 거칠고 건방진 면이 많았던 녀석이었는데, 그렇게 수줍음을 타는 것을 처음 보았다. 술을 너무 많이 마셔서 술냄새가 심하게 났기 때문에 사무실에는 못 들어오고 내 얼굴만 보러 왔다고 하는 그 아이와 잠시 이야기를 나누었다.

그 아이는 지난밤에 엄마가 남자친구를 집으로 데리고 와서는 자기한테 나가 있으라고 했다는 것이었다. 그렇지만 갈 곳이 없어서 근처의 초등학교 운동장에서 밤새도록 과자 안주에 소주를 마셨다. 친구라도 불러낼까 하다가 엄마 이야기를 하기 싫어서 그냥 혼자 있었다고 하는 그 아이의 눈에서 눈물이 흘렀다.

누가 뭐래도 마음이 한없이 따뜻한 아이였다. 그 아이도 그렇게 술에 취해 학교에 오면 안 된다는 것을 잘 알고 있었다. 너무 힘든 그 순간에 내 얼굴이 떠올라서 이른 아침부터 학교에 왔다고 하니, 그 아이를 내쫓을 수가 없었다. 일단 보건선생님께 말씀드려서 보건실에서 잠을 자게 해달라고 했다. 보건선생님은 그래도 내가 부탁하는 것은 모두 들어주시는 분이셨기에 그렇게 하도록 하고는 잠시 교무실에 다녀온 사이에, 큰일이 벌어졌다. 2층 복도가 피 냄새로 가득한 것이 아닌가.

그 아이는 잠시 화장실을 다녀오려다 학생과 선생님께 걸린 것이었다. 학생과 선생님이 술에 취해 몸을 가누기가 힘든 그 아이에게 화를 내시면서 그런 꼴로 왜 학교에 왔느냐고 소리를 지르셨던 모양이었다. 그러자 그 아이는 고개를 숙이며 대답했다.

"죄송합니다."

"이게 죄송하다는 말로 해결될 수 있는 문제냐? 너, 학생과로 와!"

보통 이런 학생들이 가장 가기 싫어하는 곳이 바로 학생과이다. 거기에 가면 하루 종일 무릎을 꿇고 앉아 있어야 할 게 뻔하고, 반성문도 써야 한다. 그것이 순간 싫었었나 보다.

"시팔, 학교 안 다니면 될 거 아냐……."

그렇게 말한 아이는 유리창을 주먹으로 쳤다. 유리창은 박살이 났고, 그 아이의 손에서 피가 뚝뚝 떨어졌다. 학생들은 무슨 큰일이라도 난 듯 웅성거리며 모여들었고 일순간에 학교가 아수라장이 되어 버렸다.

이 일이 있은 후, 학생과 선생님들과 여러 가지 의견차를 겪어야 했다. 학생과 선생님들은 학생들을 사건을 일으키는 문제아로 생각하고 지도하려 했고, 나는 학생 개인의 사정을 하나씩 이해하면서 그렇게 살면 왜 안 되는지를 알려주려고 했다. 그러니 우리는 의견차를 겪을 수밖에 없었다.

사람은 하루아침에 변하기 힘든 법이다. 아이들을 변화시키려 할 때도 마찬가지이다. 단시간에 지도의 성과를 보기보다는 묵묵히 지켜봐 주는 시간이 필요하다. 그런데 그분들이 보기에는 내가 한심한 교사로 생각되었는지도 모른다. 하지만 내 지도방법은 차차 효과가 나타나기 시작했다. 우리 반 아이들의 결석이 눈에 띄게 줄었고, 아이들이 점점 달라지는 모습을 보면서 그분들이 나를 대하는 태도도 달라져갔다.

춘천농공고는 2년 반밖에 근무하지 않았던 학교였지만 나는 그 학교에서 분명하게 깨달은 것이 두 가지가 있다. 문제아라고 불리는 아이들은 분명 사랑에 굶주려 살고 있다는 것이었다. 나는 이 아이들의 장점을 되도록 많이 찾아서 칭찬해 주었다. 그러면 얼마나 좋아하던지……. 어쩌다 지각하지 않은 것을 칭찬해 주고, 교복이 단정하면 예쁘다고 말해 주며 상품도 주면, 아이들은 서로 칭찬을 받으려고 경쟁하기도 했다.

그리고 반드시 학생들에게 노트필기를 하도록 했다. 요즘같이 편한 세상에 프린트를 해주면 되지 무슨 노트필기냐고 묻는 사람도 있겠지만, 나는 그 학생들에게는 그것이 꼭 필요하다고 생각했다. 공부와는 거리가 멀었던 학생들이기에 책상에 앉아서 쓰고 읽는 일을 습관화 하도록 하기 위해서였다.

가만히 앉아서 하루가 지나가기를 기다리면서 넋 놓고 사는 것보다는 자신이 뭔가를 했다는 성취감을 일단 맛보게 하고 싶었다. 노트를 안 가져오는 학생들을 위해 일부러 여벌의 노트를 항상 들고 다녔다. 당연히 필기도구를 안 가져오고 화장품이나 담배만 가방에 넣고 다니는 학생들이 많았기에, 나는 교실에 들어갈 때는 반드시 볼펜도 몇 자루씩 들고 갔다. 그리고 아이들이 필기를 마치면 시간이 걸려도 그날 쓴 노트에 'A+'를 표시해 주었다. 뜻밖에도 아이들은 그렇게 매시간 자신의 노트에 'A+'가 하나둘씩 늘어가는 것이 너무 좋았나 보다. 대신에 예쁘게 쓰지 않은 학생들에게는 'B'를 표시해 주기도 했는데, 그것을 놓고 서로 경쟁하는 모습이 좋아 보였다. 아이들의 그런 모습은 이제껏 살아오면서 칭찬을 못 들어보고 살아왔다는 것을 말해 주는 것이었다.

춘천농공고에서 내가 출제한 교내과학경시대회의 문제들을 보면 아마도 대부분의 사람들이 웃을 것이다. 어떤 문제는 초등학생들이 보아도 웃어버릴 만큼 쉬운 문제도 있었다.

'100m를 영희는 15초에 달렸고, 철수는 20초에 달렸다. 누가 더 빨리 달린 것일까요?'

우리 교사들은 카멜레온처럼 날마다 변해야 한다. 교사의 수준에 맞춰 학생들이 따라올 수 없고, 학교마다 교육환경과 아이들의 수준이 다르니 그에 맞춰 교사가 변해야 하니까. 나는 학교를 옮길 때마다 학생들의 수준에 맞춰 내 기대치를 낮추거나 높이고 아이들과 눈높이를 맞추며 지냈다. 하위 5퍼센트의 학생들이 모이는 춘천농공고에서는 학생들의 수준에 맞춰 수업지도안을 다시 짜서 지도해야 했고, 강원도에서 상위권의 수학과 과학 영재들이 모이는 강원과학고에서는 학생들에게 수준 높은 교육을 해주기 위해 열심히 공부를 했다.

두 번째로 깨닫게 된 것은 학생들이 문제를 일으키는 데는 반드시 그 이유가 있다는 것이었다. 성적이 나쁘고 학교생활에 성실하지 않으며 폭력을 일삼는 데는 무엇인가에 문제가 있기 때문이다. 공부 말고 꼭 해보고 싶은 것이 있는 학생도 있을 수 있고, 지나치게 아이에게 집착하는 엄마 때문이든지, 아예 아이에게 무관심한 엄마 때문이든지…….

한 아이의 엄마로서 집착도 방관도 아닌, 진정한 사랑으로 내 아이를 키우려면 어떻게 해야 하는 것일까? 진정으로 내 아이를 바르게 키우기 위해서는 어떻게 해야 할까? 우선 아이를 통해 자신의 욕심을 채우려는 심리부터 버려야 한다고 본다. 그리고 부모가 먼저 바르게 살아야 한다. 무엇보다도 중요한 것은 가정에서 학교의 교사를 비하하는 발언은 하지 말아야 한다. 학교교육을 제대로 받도록 하기 위해서는 교사의 교육이 얼마나 소중한지를 아이들이 깨달을 수 있도록 해줘야 한다.

학교에서 한 아이가 문제를 일으켜서 부모님에게 대화를 나누어 보자고 했더니, 큰소리를 질러대시던 부모님의 모습이 아직도 눈에 선하다.

"애를 학교에 맡겼으면 학교에서 알아서 해야 하는 것 아닌가요? 가정에서 교육할 시간이 없잖아요!"

아이들의 탈선은 비단 어제오늘의 일만은 아니다. 그런데 문제가 생길 때마다 학부모는 학교에게, 학교는 학부모에게 잘못을 돌려서야 되겠는가? '아이들이 문제를 일으키게 된 것은 바로 나 때문이 아닌가' 하고 생각하는 책임감이 필요하다.

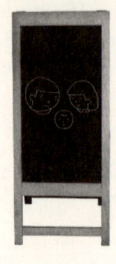

# 학교폭력으로
# 일그러진 교실을
# 바로 세우려면

춘천농공고에 온 지 한 달 반 정도 지났을 때였다. 가을 소풍으로 전교생이 속초에서 열린 관광엑스포를 보러 갔다. 버스에 올랐는데, 우리 반의 실장이 김밥을 챙겨 가지고 와서 내게 건네주었다.

사실 그 도시락은 전혀 기대하지 못했던 선물이었다. 동료교사들은 이 학교에서는 학부모들이 교사들의 김밥을 챙겨주지 않는다고 해서였다. 그래서 선생님들끼리 회비를 내서 같이 사먹기로 되어 있었는데, 기대하지 않았던 도시락이라서 더욱 고마운 마음으로 그 도시락을 받아 들었다.

춘천에서 속초로 가는 관광버스 안에서 나는 운전사의 뒷자리에 앉아 아이들의 노는 모습을 흐뭇한 마음으로 바라보았다. 그러다 휴게실에 잠깐 들렀다 버스 안으로 돌아왔는데, 우리 반에서 가장 작은 남학생의 얼굴이 벌겋게 부어 있는 것이었다. 그리고 몇 명의 학생들의 얼굴을 보니, 뭔가 이상하다는 느낌을 받을 수 있었다. 한 사람씩 붙들고 물어보아도 내게 아무런 이야기를 하지 않았다.

엑스포에 도착하자 약속시간에 모두 모이기로 하고, 학생들에게 점심시간을 주었다. 나는 선생님들과 같이 다니다가 일행을 놓쳐버렸다. 그래서 혼자서 여기저기를 돌아다니면서 우리 아이들의 흔적을 찾아다니기 시작했다.

그런데, 우리 반 학생 한 명이 내 앞에 나타나 나와 함께 다니고 싶다고 하는 것이 아닌가. 그날, 그 아이와 여러 곳을 돌아다니면서 버스 안에서 있었던 미심쩍은 일들에 대한 이야기를 들을 수 있었다. 우리 반 학생들 모두가 소풍기념으로 '주먹짱'이라는 녀석에게 한 명당 2,000원씩 뜯겼다는 것이었다. 그리고 도시락으로 무엇을 싸왔는지를 그 주먹짱이라는 녀석의 하수인들에게 보여줘야 했고, 맛있는 것을 싸온 아이는 모두 빼앗겼다는 것이었다.

"선생님께 드리려고 통닭을 싸왔는데, 걔네한테 뺏겼어요."

'아, 그래서 아이들의 표정들이 그렇게 안 좋았구나.'

그런데, 더 기가 막힌 것은 그 주먹짱이라는 아이가 대학생이나 사회인들과도 연결되어 있는 폭력조직원이라는 사실이었다. 그 아이를 도저히 건드릴 수 없기 때문에 그 아이가 달라는 대로 줘야 했고,

안 주면 맞을 수밖에 없다고 했다.

　나는 소풍에서 돌아오면 그 주먹짱이라는 아이를 가만히 놔두면 안 되겠다고 마음먹었다. 한 학생으로 인해 한 반의 45명 학생들 모두가 괴롭게 지낼 수는 없었다. 분노가 일었다. 주먹이 세다는 이유 하나만으로 모든 학생들을 손아귀에 쥐고 날마다 돈을 빼앗고 교실을 공포의 분위기로 내몰았다는 것을 용서할 수가 없었다. 그리고 한 달이 넘게 지났는데도 담임인 내가 학급에서 일어나는 이런 사실을 모르고 지냈다는 것에도 화가 났다.

　소풍을 다녀온 다음 날부터 그 주먹짱과 그의 하수인들을 빼고는 다른 모든 학생들을 한 명씩 불렀다. 비밀리에 이제껏 그 아이에게 뜯긴 돈이 얼마인지, 어떤 구타를 당했는지 등을 조사하기 시작했다. 시간을 끌면 끌수록 우리 반 학생들이 더 큰 고통을 받아야 한다는 생각에 서두를 수밖에 없었다. 학생과에 넘기면 절차가 복잡하고 시간이 길어질 수도 있고 그사이에 주먹짱에게 학급 학생들의 입을 막게 할 시간을 줄 수도 있기 때문에, 내가 직접 나서서 신속하게 움직일 수밖에 없었다. 결국 보복의 위험을 무릅쓰고 내게 모든 진실을 이야기해 준 우리 반 아이들 덕분에 이틀 만에 모든 경위서를 작성할 수 있었다.

　그 사건 경위서를 들고서 주먹짱을 불렀다.

　"오늘부터는 너에게 특혜를 준다. 내가 하루에 만 원씩 줄 테니, 내 옆에서 심부름을 하면서 공부해라. 괜히 교실에 들어가서 아이들을 괴롭히지 말고······."

그러면서 학급 학생 모두가 쓴 사건 경위서가 내 손에 있으니, 학생부로 이것을 넘기면 바로 퇴학당할 거라고 말해 주었다. 그리고 아이들 앞에서 무릎을 꿇으며 사과하고 다시는 안 그러겠다고 서약서를 쓰면 한 번은 봐줄 수 있다고 했다.

그런데, 그 녀석이 다음 날부터 학교에 나오지 않았다. 전화를 해도 받지 않았다. 그 아이는 할머니와 단둘이 살았는데, 할머니에게는 더할 나위 없이 착한 손자였다. 할머니는 그 녀석의 그런 짓을 전혀 눈치 채지 못하고 있었다. 할머니는 그 아이가 요새도 '밤마다 꼬박꼬박 집에 들어와서 자고 아침이면 일찍 나간다'고 하셨다. 하지만 그 아이는 학교에 오지 않았다.

그렇게 그 아이는 학교를 떠났다. 자퇴처리를 했지만, 사실은 내가 그렇게 쫓아버린 셈이었다. 지금도 이 아이를 생각하면 가슴이 많이 아프다. 가정이 불우해서 한두 학생에게 돈을 달라고 하다 보니, 그 방법으로 자신이 사고 싶은 것을 살 수 있다는 사실을 알게 되었던 것이었다. 시간이 갈수록 더 많은 학생들의 돈을 강제로 빼앗게 되었고 그 행동이 커졌던 것이었다.

이 아이가 학급에서 사라졌으니, 이제는 학급에서 돈을 뺏고 주먹질하는 녀석이 없어질 거라고 생각했다. 하지만 호랑이가 없는 굴에는 새끼 호랑이가 왕 노릇을 한다고 했던가. 가장 강자였던 호랑이가 없어지자 다른 작은 호랑이들 여러 명이 이곳저곳에서 다른 아이들을 괴롭히기 시작했다. 그때 그것을 알았다. 한 교실에서 가장 말썽꾸러기 한 명이 없어지면 또 다른 말썽꾸러기들이 그 자리를 메우게 된다는 것을…….

  내가 그 녀석을 버리지 않고 보듬어주어서 교육시켰더라면 우리 학급이 주먹 없는 교실이 되었을까? 교실에 CCTV를 설치해 놓아서 아이들을 그때마다 보호해 주면 참 좋으련만, 아이들은 꼭 당하고 나서야 내게 편지로 알려주거나 울면서 달려와 이야기했다. 그래도 주먹짱인 녀석이 학교를 떠난 이후에 아이들은 자신들을 괴롭히고 때리는 학생들에 대해 반드시 신고해 주었다. 이메일로 이야기해 주거나 슬며시 편지를 써서 내게 전해 주기도 했고 달려와서 이야기해 주는 아이도 있었다.

  교실 안에서의 폭력이 없어지려면, 학생들이 선생님을 믿고 솔직하게 이야기해 줄 수 있는 여건을 마련해 주어야 한다. 그렇지 않으면 교사는 아무것도 모르는 채 살 수도 있다. 그러니 여러분의 자녀가 혹시 나중에 학교폭력에 시달리게 되면, 용기를 내어 선생님에게 꼭 말씀드리라고 이야기해 주도록 하자.

  여하튼 춘천농공고에서 근무하는 내내 그 아이가 교실에서 쫓겨난 것이 항상 마음 한쪽에서 나를 무겁게 짓눌렀다. 그러던 어느 날, 자동차를 고치러 작은 정비소에 들렀는데, 거기에서 그 아이를 보았다. 기름때가 덕지덕지 묻은 작업복을 입고 열심히 뛰어다니는 그 녀석을 보자, 나는 반갑기도 하고 미안하기도 했지만 선뜻 이름을 불러주지는 못했다. 그런데, 그 아이가 먼저 나를 알아보고는 인사를 하는 것이 아닌가. 그러고는 더 기쁜 이야기를 내게 들려주었다. 자동차 정비소에서 일하면서 방송통신고등학교에 다니고 있다는 것이었다. 그날 비로소 나는 무거운 짐 하나를 내려놓을 수 있었다.

# 아이들에게 맞추어 수시로 변하는 카멜레온이 되어

인문계 고등학교에서 근무하다 실업계 고등학교에 온 선생님들은 학교생활을 무척 힘들어했다. 인문계 고등학교에서 대부분의 아이들은 선생님의 말씀 한마디에 순종했다. 선생님들은 수업 내용을 잘 받아들이고 열심히 공부해 주는 인문계 아이들과 이 아이들과 비교하곤 했다. 아이들에게 소리 지르고 욕하기도 하면서 힘들다고 울분을 토하기도 했다.

그러나 바꾸어 생각해 보면, 이 두 학교 아이들을 비교한다는 것 자체가 어불성설이다. 삶의 목표가 다른데, 어떻게 행동도 같을 수가 있겠는가? 인문계 고등학교 학생들은 대학진학을 목표로 공부하기 위해 학교를 다니고, 실업계 학생들은 대학진학보다는 전공공부를 해서 자격증을 따고 취업을 하기 위해 학교를 다닌다. 이처럼 목표가 다른데 학생들을 어떻게 비교하라는 것인가? 그러니, 아이들에게 이야기하는 방식도 가르치는 방법도 달라져야 한다.

실업계 고등학교에는 가정이 불우해서 고등학교를 졸업하고 바로 취업하려고 들어오는 학생들도 있지만, 대부분은 공부에는 자신이 없는 학생들이 들어온다. 이런 학생들에게 무조건 공부하라고 하는 것은 무리이다. 왜 공부를 해야 하는지를 알려주는 것이 먼저다. 그것도 먹히지 않으면 설득해야 한다. '졸업해서 세상에 나오면 경쟁이 치열하다. 특별한 재능이 없다면 공부를 해야만 이 땅에서 어깨를 펴고 잘살 수 있다'고…….

"그런데도 공부하기가 싫으면 남에게 없는 자신만의 재능을 찾아라. 자신에게 재능이 없는 것 같으면 공부를 해야 한다. 그래야 불이익을 당하지 않고 살 수 있다……."

아이들의 입장을 이해하고 대화하기 시작하자, 쉬는 시간이면 내게 찾아와서 이야기하려는 학생들이 많아졌다. 아이들의 이야기를 들어보면, '누가 잘못했다'는 고자질도 많았고, '수업 시간에 자기가 발표했더니 선생님이 칭찬해 주었다'는 자기자랑도 있었다. 그런 아이들로 인해 쉬는 시간에 교무실이 시끌벅적해지자 옆에 앉은 교사가 물었다.

"선생님은 저 애들이 이해가 되나요? 저게 초등학생이지, 고등학생의 모습이야? 뭐가 그리 선생님에게 할 말이 많아?"

그러자 나는 '애들, 귀엽지 않아요?' 했더니만 그 선생님은 정말로 화가 났던 모양이었다.

"한 선생님은 확실히 춘천농공고에 딱 어울리는 사람이야. 선생님 같은 사람이 이 학교에 오래 있어야 돼. 어디 가지 말고 여기서 오래오래 있어요. 나는 내년에 다른 학교로 갈 테니까……."

"선생님, 그 말씀 칭찬이신 거죠?"

나는 그렇게 말하고는 웃었다. 그 선생님은 정말로 다음 해에 학교를 떠났다. 학교를 떠나신 그 선생님은 다른 학교에 가서서 잘 적응하셨을까? 교사는 어느 학교에 발령을 받든지 그 학교에 맞추어 변해야 하는 것이 아닐까? 학생들이 내게 맞출 수 없는 것이 아닌가?

교사라면 카멜레온 같은 사람이 되어야 할 것이다. 어느 학생을 대하더라도 카멜레온처럼 아이들에게 맞추어 가르치고 지도할 수 있어야 한다. 자기자랑 같지만, 나는 춘천농공고에서 강원과학고로 옮기고 나서도, 강원과학고에 딱 어울리는 교사라는 소리를 들었다. 지금은 계촌중학교에서 계촌중학교에 딱 어울리는 교사라는 소리를 들으며 근무하고 있다.

나는 가는 곳마다 그 학교에 딱 어울리는 교사가 되기 위해 참으로 많은 노력을 했다. 춘천농공고 학생들에게 맞추기 위해 학생들의 수준에 맞는 나만의 교과서를 새로 썼고, 방송통신대학에 편입해 공부하기도 했으며, 컴퓨터 학원에 다니기도 했다. 강원과학고에 와서는 그 학교에 어울리는 교사, 학생들을 잘 지도하는 교사가 되기 위해 TESOL 과정을 마쳤고, 이학박사 과정에 들어가서 공부를 했다. 전국논술강사요원으로 연수를 받기도 했고, 과학영재교육을 위한 심화연수를 받고 과학영재전문강사가 되기도 했다. 계촌중학교 학생들을 위해 교감의 역할까지 해야 하는 소규모 학교의 교무부장으로서 날마다 일이 산더미처럼 밀려와도 새로운 과학수업을 연구했고, 전교생이 함께할 수 있는 과학동아리 활동을 연구해 왔다.

학생들의 수준은 학교마다 다르다. 저마다 다른 환경과 수준에서 교사를 맞이한다. 학생들은 결코 교사의 수준에 맞추어 따라와 주지 않는다. 가는 곳마다 달라지는 학생들의 수준에 맞추려면 내가 변해서 그들에게 어울리는 맞춤교육을 해야 했다. 대학 시절에 공부했던 내용은 교사생활을 하면서 과연 얼마나 사용할 수 있을까? 교사라면, 항상 공부하고 연구하면서 새로운 교육경향에 대한 정보를 다른 교사들과 교류하면서 얻어내야 한다. 끊임없이 공부하고 연구해 아이들에게 보다 효과적으로 가르치려고 노력하는 것이 교사들의 숙명이요, 그렇게 하면서 아이들과 하나가 되는 기쁨을 만끽할 수 있는 것이 바로 교사의 행복이다.

그리고 엄마 역시 아이의 성장에 맞게 변해야 한다. 아이마다의 개인차를 인정하고 내 아이가 성장해 감에 따라 엄마로서 필요한 것을 배우고 연구하면서 아이와 눈높이를 맞추면서 함께해야 하는 것이 아닐까? 다른 집 아이들과 눈높이를 맞출 필요는 없는 것이다. 다른 엄마들이 아무리 '선행학습이 필요하다, 영어 원어민 과외가 필요하다'고 하더라도 내 아이에게 맞는 교육이 무엇인지 생각해 봐야 한다. 아이의 수준에 맞는 교육이 필요하기 때문이다. 자칫 내 아이의 수준과 동떨어진 교육으로 모두가 힘들어질 수 있기 때문이다.

# 진정한 행복의 조건

누군가 지금 '행복하신가요?' 하고 물었을 때 선뜻 그렇다고 답하는 사람이 과연 몇이나 될까? 원하던 학교의 합격증을 받아들었을 때, 그 기쁨을 가족들과 나누던 순간에는 분명 행복감을 맛보았으리라. 하지만 늘 행복할 수는 없는 법이다. 행복한 시간은 순간순간으로 찾아오게 마련이다. 그렇다면 우리의 삶은 꿈을 향해, 즉 행복한 한순간을 위해 질주하는 시간의 연속성 속에 있는 것이 아닐까?

사람은 누구나 행복하게 살고 싶어 한다. 그러면서도 행복하다고 자신 있게 말하는 사람은 드물다. 편하게 살면서도, 미래에 대해 불안해하지 않고 지내면서도, 오랫동안 바라던 꿈을 이루며 살고 있으면서도, 또 다른 불만과 고단한 삶에 피곤해하면서 불행하다고 온갖 우거지상이 된 사람들을 자주 보았다.

부끄럽지만 나도 그러했다. 우리 아들이 예고 진학을 위해 준비한 기간이 너무 짧았기에 모두가 불가능하다고 이야기했지만 기적처럼 예고에 합격했을 때 하늘을 날 듯이 기뻤다. 아들을 안고 너무나 행복해했다. 그러나 그 행복도 잠시, 다양한 문제들이 아들과 내 앞에 도사리고 있는 것을 알게 되었다. 학교생활을 시작하면 항상 먼저 다가오는 것이 성적 문제였다. 어느 학교나 우열을 가려서 순위를 매기게 되어 있고, 그 순위가 좋아야만 원하는 대학을 골라서 갈 수 있는 것이 아니겠는가? 다른 친구들에 비해 실기를 늦게 시작했기 때문에 우리 아이는 실기성적이 잘 나오지 않았다. 나는 아이가 최선을 다하고 받은 성적인 줄 알고 있기에 말은 못하고 속만 태워야 했다.

8년 동안 강원과학고에서 교사생활을 하면서 겪어본 학생들과 학부모들도 나와 비슷한 경험을 하는 것을 볼 수 있었다. 입학식 날, 신입생들과 신입생 가족들의 얼굴들은 모두 마냥 들떠 있었다. 모두 정말로 행복에 겨운 모습들이었다. 이제부터 가족을 떠나서 기숙사 생활에 적응해야 한다는 긴장감도 있지만, 미래를 향한 새로운 도전에 모두가 감사하면서 행복해했다. 그런데 학교생활이 계속되면서 친구들과 자신을 비교하고, 이제껏 살아왔던 환경과 비교하고 또 비교하면서 자신을 불행하다고 여기면서 고민하기 시작하는 학생들이 하나둘 생기는 것을 볼 수 있었다.

　그러고 보면 행복과 불행은 서로 같은 조건에 처해 있는데도 각자 어떻게 느끼느냐에 따라 달라지는 것이 아닌가 싶다. 누군가 내게 이렇게 이야기해 주었다. 행복할 수 있는 조건이 내게는 아무것도 없노라고 불평만 하지 말고 현재 내가 남보다 더 가지고 있는 것들을 세어보라고. 분명 나는 너무나 많은 것을 가지고 있었다. 사랑하는 아들과 남편, 아직도 살아계신 나의 아버지, 잘 살아주고 있는 동생들, 그리고 나의 예쁜 학생들……. 교사로서 멋진 동료들과 함께 근무할 수 있고, 또한 아직도 내가 해낼 수 있는 일들이 있다는 것이 행복하다.

　교사든 부모든 불행보다는 행복을 느낄 줄 아는 사람이 되어야 한다. 아이에게 어떤 조건 속에서도 자신이 얼마나 행복한 사람인지를 생각하며 생활하도록 이야기를 해준다면, 아이들은 어떤 힘든 생활 속에서도 감사하는 마음을 가질 수 있지 않을까 싶다.

　물은 어디서든 아래로 흐른다. 더 이상 낮아질 수 없는 곳으로 흐르고 또 흘러간다. 그러면서 모든 것을 용해하려는 성질이 있다. 어떤 불화도 힘든 역경도 모두 용해시키고 정화하는 능력이 있는 물, 물처럼 소리 없이 흐르며 살자고 나는 스스로에게 다짐한다. '물이 되어 흐르자'가 내 인생의 좌우명인 것이다. 어차피 우리 몸의 70퍼센트가 물로 구성되어 있다고 하지 않은가? 함께하는 삶 속에서 아래로 흐르는 물이 되어 자신을 낮추고 상대를 포용할 때 우리 모두는 깨끗한 물이 되어 모두가 행복해질 수 있지 않을까?

그런데 우리는 위로만 올라가려 하기 때문에 불행을 맛보곤 한다. 과학고에서 2학년 담임을 처음 맡게 되었을 때의 일이다. 학년 초 첫 상담을 하면서 '자신은 의대에 가겠다'고 밝힌 학생이 있었다. 항상 반에서 1등인 아이였기에 별다른 생각 없이 상담을 마쳤다. 그런데, 그 아이가 생물실험 시간에 쥐를 해부하는 실험을 하다가 졸도를 한 것이다. 쥐가 자신의 손을 물었는데, 그 끔찍한 느낌을 지울 수가 없다고 하면서 자신은 도저히 의대에 갈 수 없을 것 같다며 내게 도움을 청했다. 그 아이는 도저히 의대에 가기가 싫었지만, 그 아이의 엄마는 아들이 의대에 가는 것을 바라고 또 바랐기 때문이었다.

그때부터 그 아이와 엄마 사이에는 심각한 문제가 생겼다. 자신에게는 자랑스러운 아들이었던 아이가 의대를 안 가겠다고 고백하니, 엄마는 고집을 꺾지 않았다. 엄마는 그런 것은 극복할 수 있는 문제라고 하면서 아이를 설득했다. 하지만 아이는 엄마와 강하게 충돌하면서 한동안 힘들어했다. 그 엄마는 왜 그렇게도 아이를 의대에 보내려고 했을까? 아이가 원하고 꿈꾸는 삶은 의사로서의 삶은 아닌데 말이다.

나는 그 엄마에게 아이의 행복을 위해 엄마가 양보해야 한다고 설득했다. 하지만 나도 내 아이를 키워봤기에 그 엄마가 절대로 물러서지 않을 거라는 것을 잘 알았다. 대부분의 엄마는 아이의 마음을 이해하려 하지 않는다. 엄마는 아이보다 인생을 좀 더 살았기 때문에 아이를 잘살게 할 수 있는 방법을 많이 알고 있다고 생각하기 때문이다. 그 해답을 향해 내 아이가 움직여주기를 바라는 것이다.

그러나 엄마들은 철저하게 착각하고 있다. 절대로 행복해질 수 없는 길로 아이를 이끌려 하지 말아야 할 것이다. 나는 그 엄마를 어렵사리 설득하고, 그 아이에게 과제를 내주었다. 정말로 무엇을 하면서 지내면 행복하게 살 수 있을지 하고 싶은 일을 생각해 보라며 일주일의 시간을 주었다. 일주일 후에 그 아이는 내게 와서 당당하게 말했다.

"선생님, 저는 과학고의 화학선생님이 되고 싶어요. 선생님은 우리에게 가르치실 때 너무나 행복해 보이세요. 저도 선생님처럼 행복하게 살고 싶어요."

전교 1, 2등을 하는 그 아이는 내가 맡고 있는 ChRoM(Chemistry Revolution of Millennium) 동아리의 회원이었다. 우리 ChRoM 화학동아리가 처음 생길 때만 해도 다른 화학동아리보다 화학 성적이 떨어지는 아이들이 들어왔었다. 과학고에 입학하자마자 동아리 시험을 보고 성적순으로 동아리 회원을 뽑았기 때문에 아이들의 성적은 공공연하게 게시판에 붙어야 했다.

그런데 단 1년 만에 우리 ChRoM 동아리에 화학 성적이 우수한 학생들이 밀려왔다. 전교 성적이 상위권인 학생들이 ChRoM에 오게 되었는데, 내가 ChRoM으로 성적이 우수한 학생들을 뽑아가는 줄 알고는 나를 미워하는 과학교사들도 있었다. 그 진실은 학생들이 더 잘 알고 있었는데, 어른들 사이의 오해를 풀기 위해서는 많은 시간이 흘러야 했다.

사실, 나도 그 아이에 대한 욕심이 있었다. 우리 학교에서 가끔 발견할 수 있는 확실한 영재성이 있는 학생이었기 때문이다. 게다가 그 아이는 성실했다. 대개 영재들은 게으르고 성격에 문제가 있는 경우가 있는데, 그 아이는 모든 것을 갖춘 최고의 학생이었다.

"나는 우리 학교 졸업생 중에서 훗날 노벨상을 탈 수 있을 확률이 높은 학생을 단 한 명 뽑아보라고 한다면 바로 너라고 자신 있게 말할 것이다. 네가 원하는 진짜 꿈은 무엇이니? 네가 생각하는 꿈을 좀 더 깊게 생각하고, 그리고 지금 생각해낸 꿈을 좀 더 크게 가졌으면 좋겠다."

평소에 그 아이를 지켜보면서 나는 그 아이가 바라는 꿈은 화학 선생님이 되는 것이 아니라고 생각해 왔다. 그 아이는 아마도 더 큰 꿈을 가지고 있을 거라고 믿었다. 그래서 자신의 꿈을 좀 더 생각해 보라고 한 것이었다.

꿈은 어느 한순간에 생겨나는 것은 아니다. 우리 아이는 어렸을 때부터 평생 만화를 그리면서 살면 참 행복하겠다고 생각했다. 아이의 꿈이 간절하고 진정하다는 것을 깨닫게 된 나는 만화나 애니메이션을 전공하려면 굳이 예술고에 가지 않아도 되지 않느냐고 이야기해 주니, 아이는 내게 그림을 제대로 알아야만 애니메이션도 제대로 할 수 있으니 가능하면 예술고등학교에 가고 싶다고 말했다.

  나는 일본의 애니메이션 관련 대학에 대해 잘 몰라서 아이가 예고에 다닐 때 큰 도움을 못 주었는데, 덕원예고의 교장선생님이 길잡이가 되어주셨다. 교장선생님은 우리 아들에게 일본 문화도 가르쳐 주시고, 일본어로 작문하는 방법도 알려주시면서 애니메이션으로 유명한 대학들을 소개해 주셨다. 결국 아들은 당시에 제일 존경하던 건담의 작가가 어느 대학에서 강의하는지를 알아냈다. 그러고는 본격적으로 그 대학에 가기 위해 고등학교 1학년 때부터 철저하게 준비를 해나갔다. 누가 시키지도 않았는데 1학년 때부터 일본에 있는 대학으로 진학하기 위한 포트폴리오를 만들면서, 대학에 제시할 그림을 전공실기 외에 따로 그린 것이다.

  학생들은 자신의 꿈과 미래가 보이면, 최선을 다해 노력하기 시작한다. 아무리 힘든 일이 있어도 참고 이겨낼 만한 내성이 생기기도 한다. 아이들을 행복하게 만들려면 아이들에게 맞는 꿈이 생겨야 한다. 꿈이 없는 학생에게는 삶의 의욕도 없다. 어떻게 현재를 살아야 할지 길을 찾지 못하고 헤매고 있기에 하루하루의 학교생활은 의미가 없다. 그저 시계추처럼 학교에 오갈 뿐이고, 교실에 있어주는 것이고, 하루를 버텨주는 것에 불과하다. 선생님들에게도 잘 보여야 할 필요성도 느끼지 못한다. 딱히 이루고 싶은 꿈이 없는데, 시험에서 5점을 더 맞는 것이 무슨 의미이겠는가? 그러므로 학생들은 선생님의 말에 집중할 만한 필요성을 느끼지 못한다. 그저 학교에 오면 하루 일과가 빨리 끝나기를 기다릴 뿐인 것이다.

　아이들에게 무엇을 가르치기 전에 그들에게 꿈을 심어주는 것이 가장 시급하다. 꿈을 찾지 못해 아직도 방황하는 아이들에게 '장차 무엇이 되고 싶니? 내가 보기에 너는 무엇을 하면 참 잘할 것 같은데'라고 말해 주면서 아이 스스로 훗날 무엇이 되고 싶은지 고민해 볼 수 있도록 해주어야 한다. 그 고민을 통해 아이들이 성장할 수 있도록…….

# 아이 때문에
# 당당하게 사는 엄마,
# 부끄럽게 사는 엄마

학부모 회의에서 학생들의 생활에 대해 안내하다가 한 가지 깨닫게 된 것이 있다. 너무나 당당하고 자신만만한 모습으로 앉아계신 학부모님들이 있고, 괜히 주눅 들어 있는 학부모들이 있다는 것을. 그것이 기가 막히게도 공부를 잘하는 아이의 엄마들과 공부를 못하는 아이의 엄마들의 얼굴이 그렇게 다르다는 것에 놀랐다.

한번은 두 형제를 한 학교에서 가르친 적이 있었다. 강원과학고에서의 일이었는데, 두 형제는 모두 내가 맡고 있던 ChRoM 동아리의 회장으로 활동했다. 형은 11기 ChRoM 동아리 회장이었고, 그 동생은 14기 ChRoM 회장이었다. 두 형제를 ChRoM 동아리 회장으로 데리고 실험활동도 하고, 화학도 가르치면서 특별교육을 했던 것이다.

형은 전교에서 최상위권인 학생이었고 정말 영리한 학생이었다. 결국에는 카이스트를 최고 성적으로 들어가서 입학식 때 입학생 대표로 선서를 했고, SBS의 '진실게임'에도 출연한 적이 있다. 그 아이는 공부를 잘하는데도 하고 싶은 것은 반드시 하면서 당당하게 사는 학생이었다. 연구프로젝트도 먼저 생각해 와서는 나에게 도와달라고 할 정도로 아이디어도 많았던 학생이었다.

그 형의 담임을 맡으면서 특별 지도하고 있을 때 그 어머니는 언제나 당당하신 모습으로 내게 다가왔었다. 어머님들 속에서도 항상 두드러져 보였다. 어머님들이 서로 당번을 정해 전교생들에게 저녁 간식을 나누어줄 때는 다른 부모님들보다 유난히 크게 웃으셨고 말씀도 많으셨다. 내 연구실에 아무 거리낌 없이 들어오셔서는 언제든 마음껏 상담을 요청하시곤 했다. 그런데, 둘째인 동생이 우리 학교에 들어왔을 때 중위권에 머무는 아이의 성적 때문에 학교에 오기가 창피하다는 말씀도 내게 하셨다.

과학고에서는 형이 다니던 학교를 동생이 따라서 다니는 경우가 더러 있다. 그리고 형과 동생을 같이 가르치는 경우도 있다. 이 두 형제 말고도 그런 경우를 몇 번 보면서, 아이의 성적에 따라 엄마의 태도도 달라지는 것에 대해 많은 생각을 하게 되었다. 역시 엄마에게 있어 내 아이는 '자존심'인 것이다. 그런 경우 엄마가 절대로 하지 말아야 할 것은 형과 동생을 비교하는 것인데, 그렇게 하지 않기가 쉬운 일이 아닌 것 같다. 하지만 엄마는 형과 동생을 비교할 때 상처 받고 힘들어하는 아이의 마음을 헤아려보아야 할 것이다.

엄마가 절대로 아이에게 해서는 안 되는 두 번째 행동은 '너 때문에 창피해 죽겠어. 차라리 너를 낳지 말걸'이라고 말하는 것이다. 아이들은 학교생활을 하면서 친구나 선생님에게 상처를 받기도 한다. 하지만 아이들에게 가장 큰 상처를 주는 사람은 '엄마'인 경우가 많다. 엄마가 던진 가시 돋친 말들은 오랫동안 아이를 괴롭힌다. 아이는 가슴앓이가 커지면 오랫동안 잠을 못 이루며 밤새 뒤척이기도 한다. 그러고는 참다못해 신경안정제를 먹고 정신없이 자기도 한다.

나는 가슴 깊은 곳에 숨겨놓고 꺼내지 못했던 말, 부모로부터 받은 상처에 대해 조심스레 이야기를 꺼내는 아이들을 만난 적이 있다. 아이들은 부모로부터 받은 상처에 대해 토해내면서 주체할 수 없는 눈물을 오랫동안 흘린다. 세상 모든 아이들은 알고 있다. 자신이 부모의 기대에 미치지 못해 부모가 속상해서 그런 말들을 내뱉었다는 것을. 엄마와 아빠가 왜 그런 말을 했는지 이해는 한다. 그래도 속상하고 힘든 아이들은 가장 가까운 가족으로부터 위로받고 싶어 하는 것이다. 그런데, 위로는커녕 자신들의 가슴을 더 후벼 파는 말을 퍼붓는 부모님의 뒷모습을 보면서 마음의 병이 시작된다. 아이가 영리할수록 부모로부터 입게 되는 상처는 더 깊은 것 같다.

다음은 어느 과학고에서 있었던 일이다. 기사화 되어서 신문에 난 적도 있는 사건이다. 엄마가 저녁시간에 아들을 보기 위해 학교에 왔다가 담임교사에게 모의고사 성적에 대해 이야기를 듣고는 괜히 아들에게 한마디를 했다고 한다.

"공부는 하고 있는 거냐? 왜 성적이 안 오르니? 학교에 오면 너 때문에 창피해서 얼굴을 못 들겠다!"

그날 밤에 그 아이는 '엄마, 미안해'라는 유서를 써놓고는 과학고 기숙사 옥상에서 투신자살을 했다. 이 아이를 누가 죽인 것인가? 그 엄마는 물론 아이가 자살하기를 바라지는 않았을 것이다. 하지만 그 순간 화가 나서 아이에게 푸념을 한 것뿐이었다. 그런데, 엄마의 가벼운 푸념에 그 아이는 자살하고 싶을 정도로 크게 상처를 입은 것이다. 그 엄마는 평생을 어떤 마음으로 살게 될까? 그 엄마도 그 아이로 인해 행복한 날들이 더 많았을 텐데, 과학고까지 보내놓고는 왜 이런 지경까지 몰고 왔을까?

나는 아이들에게 가슴 아픈 상처와 관련된 이야기를 들을 때마다, 내가 내 아이에게 했던 말들을 떠올려 보았다. 나는 과학고에 오기 전까지는 아이들이 자신의 엄마 때문에 크게 상처받으면서 살고 있다는 사실을 미처 몰랐었다.

나는 뒤늦게 아들에게 진심으로 미안하다고 사과를 했다. 이제껏 엄마의 과도한 욕심으로 인해 매일 씻지 못할 상처를 주었으니 용서해 줄 것을 당부했다. 아들, 미안해…….

그러자 내 아이는 말했다.

"다시는 엄마가 성적 이야기를 하지 못하도록 공부를 열심히 해야겠다는 각오를 한 적도 있었어. 그리고 그런 엄마를 이해했기에 엄마를 위해서라도 실망을 안겨주면 안 된다고 생각하고 열심히 살기도 했어. 하지만, 가끔은 엄마가 너무 미웠지. 나중에 내가 결혼해서 아들을 낳으면 엄마가 내 아들을 키워준다고 했지만, 나는 절대로 내 아들을 엄마에게 안 맡길 거야. 내 아들이 만약에 나처럼 참을성이 없다면, 가출할지도 모르니까……."

아이는 내게 씁쓸한 미소를 지어주었다. 나를 용서했다는 이야기인가? 아니면 이해한다는 건가?

얼마 전 아이를 집요하게 가둬놓고 공부를 시키던 엄마가 아들에게 죽임을 당한 사건이 신문에 난 적이 있었다. 그 엄마는 자신이 그렇게도 사랑했던 아이로부터 죽임을 당했다. 그 아이는 이 땅에서 온전하게 잘살 수 있을까? 엄마라는 존재가 부담으로 다가오고 자신을 불행하게 만든 장본인이라고 여겨졌을 때 아이는 한순간의 실수로 그러한 일을 저질렀다. 그 일이 과연 그 아이만의 잘못 때문에 비롯된 것이라고 누가 말할 수 있겠는가? 엄마의 욕심이 아이를 얼마나 망칠 수 있는지를 더 늦기 전에 깨달아야 한다.

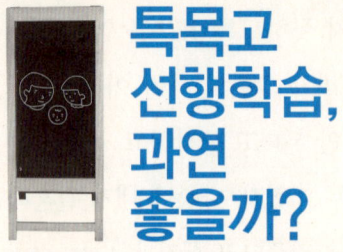
## 특목고 선행학습, 과연 좋을까?

　우리 반에는 부모가 엘리트인 아이가 있었다. 그 아이의 아빠는 자연과학대학에서, 엄마는 대학 소속 외국어 교육원에서 영어를 가르치는 강사였다. 강원과학고에 들어올 때 그 아이의 첫 성적은 상위권이었는데, 시험을 볼 때마다 성적이 곤두박질을 쳤다. 그 아이가 2학년 때 나는 담임을 맡았는데, 그 아이의 뒤에는 몇 명밖에 없었다.

　그 아이의 형 역시 우리 학교에 다녔다. 8회 졸업생이었던 형은 우리 학교를 다니다 2학년 때 카이스트에 진학했다. 이미 첫째 아이를 우리 학교에 보냈던 부모님은 작은 아들에게는 선행학습을 보다 확실하게 시켜서 우리 학교에 보내셨다. 큰 아들보다 완벽하게 준비한 상태에서 둘째를 우리 학교로 보냈기에 부모님은 내심 둘째에게 큰 기대를 걸었던 모양이다.

그런데, 둘째는 아침부터 저녁까지 엄마가 짜준 시간표에 맞춰 초등학교부터 중학교 3학년까지 생활해 와서 엄마 없이는 자신의 시간을 어떻게 보내야 할지를 잘 몰랐다. 그런 가운데 아이는 엄마가 옆에서 참견해 주지 않는 학교의 기숙사생활에 자유를 느끼고 행복해했다. 처음에는 자고 싶을 때 자고, 놀고 싶을 때 마음껏 노는 자유를 만끽했다. 조금의 자유를 만끽한 후 공부하리라고 마음먹었는데, 그렇게 자유롭게 지내는 것이 습관이 되어 버렸다.

한동안 아이는 아무 문제도 느낄 수 없었다. 학교에 오기 전에 물리, 화학, 생물, 지구과학, 그리고 영어와 수학을 완벽하게 선행학습 해 왔으니까 마음껏 놀더라도 다른 학생들보다는 뛰어났기 때문이었다. 수업시간에 졸다가 일어나 보면 아직도 본인이 알고 있는 내용을 수업하고 있으니 문제될 것이 없었다.

하지만 6개월이 지나자 문제가 발생하게 되었다. 그 아이와 달리 선행학습을 안 해 온 학생들이 조바심을 내면서 수업을 열심히 들었고, 모르는 부분은 선생님들의 연구실까지 쫓아다니면서 알아내며 스스로 열심히 했으니까. 처음에는 성적이 우수했지만, 1년도 채 안 되어 다른 친구들에게 따라잡히고 말았다.

스스로 시간표를 짜서 공부하는 습관을 기르지 못한 학생들은 학교생활에 실패하게 되는데, 그런 아이들은 그 원인을 그저 학교로 돌려버리고는 학교에 대한 불만만 키운다. 그 점을 알고 있던 나는 그 학생을 과학전람회에 데리고 나가기로 했다. 집중해서 공부하는 습관이 없는 아이였지만, 시키는 일은 정말 잘하고 착한 학생이었으니까. 아이의 성적이 기대 이하로 내려가니까 아이의 엄마도 분명 마음이 아플 테니까.

나는 그 아이가 여느 학생들과는 다르게 느껴졌다. 왠지 이 아이가 내 아들이 내게 받았던 그 상처를 안고 우울한 얼굴로 사는 것처럼 여겨져서 늘 마음이 쓰였다. 집에만 다녀오면 더 우울해하고 힘들어했는데, 나는 그 아이가 왜 그렇게 힘든지를 알았기 때문이었다. 그 아이에게 자신이 스스로 찾아서 연구하고 이루는 성취감을 느껴보도록 해주고 싶었다.

이 아이는 결국 전국과학전람회에서 화학 부문 특상을 받았고, 대만에서 열린 국제과학전람회에 한국 대표로 나가서 화학 부문 최고상을 수상하게 되었다. 사실, 이렇게 국제대회에 나갈 수 있게 된 데에는 이 아이의 TEPS 성적이 최상위권이었기 때문이었다. 그 아이는 밤마다 실험실에서 실험을 하면서도 TEPS 성적을 올리려고 항상 영어책을 들고 다녔다. 뒤늦게 엄마에게 미안한 마음이 들었다면서 영어 강사인 엄마에게 당당한 아들이 되기 위해 영어 공부를 더 열심히 했는지도 모른다.

전국과학전람회에서 특상 이상을 받은 작품은 다시 심사를 거쳐

국제대회에 내보낼 후보작품으로 뽑히고, 그 다음으로 후보작품으로 뽑히게 된 학생들과 지도교사는 영어실력을 심사받는다. 만약 이 아이의 TEPS 성적이 안 좋았다면 국제대회에 나갈 수 없었을 것이다. 영어로 논문을 작성해 제출해야 하고, 심사위원들이 어떤 질문을 해도 영어로 그 작품을 상세히 설명할 수 있어야 한다. 잘못된 설명으로 심사위원들을 놀라게 할 수도 있기 때문이다.

이 학생은 미국의 코넬대학에서 화학을 전공하게 되었고, 지금은 코넬대 대학원에서 열심히 공부하고 있다.

이 아이의 경우처럼, 엄마가 짜준 시간표대로 살다가 과학고에 오면 갑자기 주어진 자유로 인해 망가질 수도 있다. 아이를 언제까지나 자신의 손아귀에 놓고 마음대로 조종할 수 있는 것은 아니다. 아이를 엄마의 손에서 놓아야 할 때는 언제든 다가온다. 아이가 어릴 때는 내 마음대로 조종할 수 있지만, 언젠가는 자신을 벗어날 수 있다는 것을 엄마들은 알아야 한다. 그래서 자기 주도적으로 학습할 수 있는 자율적인 아이, 독립적인 아이로 키우는 것이 좋다. 그래야 대한민국을 뛰어넘어 글로벌 인재로 성장할 수 있는 것이다.

# 나 하나쯤이야?
# 나 하나만이라도!

세상에는 크게 두 가지 부류의 사람이 있는 것 같다. 무슨 일이 있을 때마다 '나 하나쯤이야'라고 생각하는 사람과 '나 하나만이라도'라고 생각하며 행동하는 사람으로 나뉘는 것이다.

'나 하나쯤이야'라고 생각하는 사람은 자신이 얼마나 소중한 존재인지, 얼마나 큰 영향을 미칠 수 있는 사람인지 모른다. 이런 사람은 늘 자신을 숨기게 마련이다. 스스로도 자신이 떳떳하지 못하다는 것을 알기에 표정이 우울하고 약간은 주눅이 들어 있기도 하다.

반면에 늘 '나 하나만이라도'라고 생각하며 사는 사람은 자신의 존재가 얼마나 소중한지 알기에 함부로 생활하지 않는다. 이런 사람은 누구에게나 떳떳하고 당당할 수 있다.

여러분은 과연 내 아이가 어떤 부류의 사람이 되기를 바라는가? 아무리 엘리트 그룹의 아이들이라 해도 꼭 두 가지 부류의 아이들은 있었다. 나는 강원과학고에서 학생부장을 하면서 전교생이 청소하는 모습을 지켜보다가 문득 이러한 사실을 깨닫게 되었다. 그 당시 과학고에서는 월요일, 수요일, 그리고 금요일 아침 청소시간에 교직원 조회를 했다.

선생님들은 아이들이 착하고 성실하니까, 자신들이 감독을 안 해도 청소를 잘할 거라고 믿었는데, 사실은 그게 아니었다. 감독하는 선생님이 없으니 대부분의 아이들이 청소를 안 하고 놀거나 자습을 했다.

요즘 떠도는 초등학생들의 재미있는 문제와 답안지가 있다. 문제는 다음과 같다.

'여러분이 엄마를 도와드렸을 때 엄마가 어떻게 하셨는지 말해 보고 적어보세요.'

이에 대한 아이의 답안은 어이가 없다.

'너는 들어가서 노는 게 도와주는 거야.'

'넌 들어가서 공부나 하는 게 엄마를 도와주는 거야.'

공부나 해라, 그저 놀아라 하는 것이 정말 아이를 위한 것일까? 아이들이 '나 하나쯤이야'라고 생각하는 것은, 엄마들이 '공부나 해라', '놀기나 해라'라고 했기 때문이 아닐까? 공부도 좋지만 엄마들은 아이들에게 반드시 가르쳐야 한다. 엄마를 도와서 청소하는 것, 설거지하는 것, 분리수거하는 것 등을. 자신이 더럽혀 놓은 방 안을 치울 수 있는 아이, 자신이 벌인 일을 책임질 수 있는 아이로 키워야 할 것이다. 요즘에는 청소할 줄 모르는 아이들이 너무 많다. 이것이 좋은 현상일까? 학교에서 교실을 청소해 주는 아주머니를 채용해야 하는 것일까? 아이들을 위해 엄마들이 학교에 와서 청소를 해줘야 할까?

나는 여러 해 동안 학교의 쓰레기 창고를 담당하면서 참으로 소중한 아이들을 만났다. 그 아이들은 날마다 쓰레기 더미가 쌓이는 팬 창고를 청소하는 동아리 학생들이었다. 팬 창고는 종이, 빈 병, 캔 등 쓰레기를 모두 분리해 정리하는 곳이었다. 하루도 빠짐없이 선생님이 보든 안 보든, 눈이 오나 비가 오나, 시험을 보는 날 아침에도 정리를 해야만 하는 곳이 바로 팬 창고였다.

그런데, 처음에는 아이들이 그곳에 오지 않아서 나 혼자서 청소를 해야 했다. 그러다 어느 날부터인가 하루도 빠짐없이 팬 창고에 오는 아이들이 생겨났다. 이 아이들은 아침 청소시간이 되면 후다닥 달려와서 빠르게 일했고, 점심을 먹고 나서 쉬는 그 짧은 시간에도 달려와 그 지저분한 일을 하곤 했다. 나는 그 아이들이 왜 태도를 바꾸게 된 것인지 물었다.

"처음에는 그냥 우리가 안 하면 선생님 혼자서 여기를 청소하고 계신다는 것을 알았기 때문에 도와드리게 된 거였어요. 그런데, 이제는 어지럽게 널려 있는 쓰레기 더미를 분리하고 치우면서 깨끗해지는 것을 보게 되면 재미있어요."

나는 가끔 출장을 가느라 오랫동안 학교를 비우는 날도 있었지만 걱정하지 않아도 되었다. 내가 학교에 없는 날에도 그 학생들이 분리수거하는 일을 졸업하는 날까지 계속해 주었기 때문이었다. 그것이 전통이 되어서 쓰레기 처리장인 팬 창고는 항상 정리정돈이 잘 되어 있었고, 날마다 깨끗했다.

그렇게 모아둔 폐휴지와 고물들을 내다팔면 일 년에 오십만 원이 넘게 모였다. 그 돈으로 형편이 어려운 학생들에게 장학금으로 주기도 했다. 정말 소중한 돈이었다.

이처럼 다른 아이들을 위해 '나 하나만이라도'라고 생각하며 팬 창고로 달려온 아이들이 있는가 하면, 교실이나 독서실에서 먹다 남은 우유를 그대로 빨대를 꽂아서 버리는 아이들도 있고, 우유를 다 먹지도 않은 채 쓰레기통에 버리는 아이들도 있다. 그것도 모자라서 우유팩을 쓰레기통에 넣지도 않고 후미진 곳에 몰래 버리는 아이들도 있다.

'나 하나쯤이야' 하면서 사는 아이들이 나중에 좋은 대학을 나와서 출세를 한다면 어떻게 될까? 다른 사람들에게 외면당하게 되지는 않을까? 내 아이가 엘리트가 되기를 바란다면 작은 행동 하나하나를 더 잘 가르쳐야 한다고 생각한다. '나 하나만이라도' 하면서 스스로 누가 보든 보지 않든 성실하게 생활하는 아이로 교육해야 한다. 이 교육 과정에서 선생님과 학생들 사이에 언짢은 언쟁이 오갈 수도 있다. 이럴 때 부모님은 어떤 태도를 보여주는 것이 옳은 것일까? 공부도 좋지만 인성교육을 하는 교사를 믿고, 아이의 교육을 맡겨야 하지 않을까?

교육은 학교에서만 이루어지지 않는다. 앞으로 내 아이가 이 사회의 지도자가 될 거라고 믿는다면 기본적인 생활습관부터 집에서 가르쳐야 한다. 무슨 일이 있으면 무조건 학교에 책임을 떠넘기고, 학교에서 교육하는 모든 것을 못마땅하게 여긴다면 안 될 것이다.

그런데 일부 학부모회 대표들의 태도에 나는 가끔 당황하고는 한다.

"제가 선생님보다 위에요. 선생님을 평가하잖아요."

아이 앞에서 그렇게 말씀하시는 그 어머님을 보며 마음이 먹먹해졌다. 내 아이를 바르게 키우고 싶으면, 교사에 대해 아이 앞에서 함부로 이야기하면 안 된다. 존경하지 않는 교사에게 교육받고 싶어 하는 아이가 어디 있겠는가?

우리 사회의 아름다운 리더, '나 하나만이라도' 하는 마음으로 가슴을 활짝 펴고 멋지게 사는 사람으로 내 아이를 교육시켜 보자. 아름다운 사회는 다른 사람이 아닌 바로 자신을 소중하게 여기는 사람들이 가꾸어가는 것이니까.

● 팬 창고 청소를 열심히 해낸 아이들.

# 엄마의 믿음과 사랑이 아이의 잠재력을 높인다

교사로서 엄마들과 이야기를 하다 보면 종종 느끼곤 한다. 엄마들은 왜 그렇게 자신의 아이에 대해 조바심을 내는지…….

엄마들은 참으로 귀가 얇은 듯하다. 지금 다니는 유치원도 괜찮은데, 괜스레 어느 지역의 영어유치원이 좋다는 소문을 들으면 가만히 있을 수가 없다. 무리하게 이사를 해서라도 그 유치원에 아이를 다니게 하는 엄마들이 많다. 아이에게 자신의 모든 것을 건 모습을 보면서 저렇게까지 아이를 위해서만 살아가면 엄마 자신의 인생은 없어지지 않을까 싶어서 안타깝다.

엄마들은 내 아이를 최고로 만들기 위해서라면, 아이가 힘들어

하는 것도 고려하지 않는다. 일단은 배우면 좋다고 생각하며 어떻게 해서라도 돈을 대줄 테니, 아이에게 학원에 가라고 윽박지르기도 한다. 그리고 이러한 모든 일들이 내 아이를 위하는 것이라고 엄마들은 우겨보고 싶은 것이다.

과연 이렇게 하는 것이 내 아이를 위한 것일까? 논술학원, 미술학원, 음악학원도 모자라서 축구 과외를 시키는 분도 보았다. 아이의 스물네 시간을 좌지우지하는 것이다. 그렇게 하면 아이는 금방 그 일에 흥미를 잃고 도망가 버릴 텐데……. 내 아이를 피아노와 태권도, 수학, 그리고 과학 공부에서 도망가 버리게 한 경험자인 나로서는, 혹시나 내 아이가 다른 아이에게 밀릴까 봐 조바심 내는 엄마들의 마음을 알기에 더욱 가슴이 아프다.

그런 방법으로는 아이의 잠재력을 키우지 못한다. 아이의 잠재력이 발현될 수도 있을 싹마저도 죽이는 결과를 가져올 수 있다. 부모에게 늘 격려의 말을 들으면서 자신의 일을 스스로 결정하며 자란 아이들은 항상 자신감이 있는 태도로 선생님과 친구들을 대한다. 그러나 엄마가 하는 일마다 '그건 이래서 안 돼', '그것도 안 된다니까' 하면서 제동을 걸면, 엄마의 로봇으로 살아온 아이들은 자신감을 잃고 주눅 들게 된다.

나는 과학고에서 정말로 보석 같은 아이를 만났다. 그 아이는 강원도 정선 산골에서도 아주 작은 마을인 하동에서 왔기에 사교육 한 번 받아본 적이 없는 학생이었다. 물론 처음에 입학했을 때는 성적이 거의 하위권이었다. 그런데, 지치지 않고 열심히 공부했다.

자율학습시간에 나는 이 아이가 조는 모습을 본 적이 없다. 질문하는 것을 부끄러워하지 않았으며, 내 연구실을 자주 찾아왔다. 그 아이의 책상에는 그날 하루 동안 해야 할 일들이 빼곡히 적혀 있었다. 그래서 나는 그 계획들을 얼마나 달성하느냐고 물어본 적이 있다. 그러자 그날 계획한 일은 거의 모두 하고 잔다고 했다. 왜냐하면 그건 자신과의 약속이니까, 최소한 그 학습계획은 꼭 지켜야 자신이 살아남을 수 있다고 대답했다.

처음 입학했을 때 하위권이었던 그 아이는 점점 성적이 오르더니 결국 2학년 중간고사에서 상위권으로 진입했다. 나는 스승의 날에 그 학생이 내게 선물로 건네준 작은 노트 한 권을 잊을 수가 없다. 정확하게 그 노트의 가격은 2천 원짜리였다. 나는 그 선물을 처음 받아들었을 때 그 선물이 그렇게도 크고 귀한 것이라는 것을 몰랐었다. 그런데, 나중에야 그 사실을 알았다.

기숙사생활을 하는 강원과학고 학생들은 한 달에 한 번씩 집으로 귀가할 수 있었다. 매달 넷째 주 금요일 오후 4시에 집으로 갔다가 이틀 밤을 자고는 일요일 저녁 7시까지 학교로 다시 돌아왔다. 또한 2주에 한 번씩은 토요일 오후에 외출하는 시간을 주었다. 학생들은 토요일 오후의 외출시간을 기다리면서 그 짧은 시간에 무엇을 하면서 놀 수 있을까 생각했다.

그런데, 그 아이는 외출이 가능한 토요일 오후에도 학교를 떠날 수 없었다. 한 달에 한 번 집으로 가는 그날에도 학교에 남아서 공부했다. 집에 가면 돈을 더 써야 하고, 시간도 버리기 때문이었다. 집에 가면 엄마가 자신의 학비를 벌기 위해 일하시는 모습을 보는 것이 안쓰러워서, 그런 엄마를 위해 더 열심히 공부해 좋은 대학에 가려 한 것이었다. 나중에 그 아이의 엄마를 만나고는 또 한 번 놀라지 않을 수 없었다. 그 엄마는 너무나도 아들에게 솔직했다.

"미안하다. 엄마는 능력이 없어서 아무것도 너에게 해줄 수가 없다. 학원도 보내줄 수 없고, 책도 많이 사줄 수 없다. 그러나 이것 하나만은 믿어다오. 나는 너를 진심으로 사랑한다. 그래서 내가 할 수 있는 한 최선을 다해서 너를 위해 일할게. 너를 위해서라면 아무리 힘든 일이라도 기쁜 마음으로 일할 수 있단다."

비록 2천 원짜리였지만 그 아이가 내게 선물한 노트는 세상 그 어느 것보다 값진 것이었다.

과학고 아이들은 이해력이 뛰어나고 문제풀이 속도가 빠르기 때문에 문제집을 많이 사서는 풀고 그대로 버린다. 대부분의 영재들은 반복학습을 싫어하고 학습속도가 빠르기 때문이다. 그러므로 한 번 본 문제집은 다시 풀지 않고 그대로 버리는 것이다. 나는 '팬 창고'라는 학교의 모든 쓰레기가 모이는 창고를 관리하는 동안, 버려진 문제집 중에서 깨끗하고 좋은 것이 있으면 챙겨놓았다가 그 아이에게 주곤 했다. 그 아이는 친구들이 버린 문제집을 주워서 풀어보면서도 절대로 부끄러워하거나 주눅 들지 않았다.

그 아이의 엄마와 아빠는 정말 열심히 사는 분들이었다. 자녀를 위해 날마다 손과 발이 닳도록 일하셨다. 이 아이는 졸고 싶고 놀고 싶어도 손과 발이 닳도록 열심히 일하시는 부모님, 항상 자신을 믿어주시는 부모님을 떠올리고 더 열심히 공부했다. 이 아이는 결국 서울대와 포항공대 모두에 합격했고, 결국 포항공대에 진학했다.

엄마들이여, '내가 너를 어떻게 키웠는데'라고 하거나 '다른 집 누구는 1등이라는데' 하는 등의 말로 내 아이를 열등의식에 사로잡히게 하지 말자. 아이의 기를 죽이지 말고, '나는 네가 무엇을 하든 믿는다' 하는 말을 건네자. 진심으로 자신을 사랑하는 부모의 마음을 느낄 때 아이는 더욱 강하고 바르게 성장할 수 있다.

# 개인차가 무시되는 일그러진 교실

 동물의 세계에서도 강자와 약자가 있듯이 사람 사는 세상에서도 재능이 뛰어난 사람과 부족한 사람이 있게 마련이다. 세상은 극히 소수의 재능 있는 사람과 그 재능을 부러워하거나 질투하는 다수의 사람들로 구성되어 있다. 어떤 사람은 지독하게 열심히 해도 되지 않는 경우도 있고, 어떤 사람은 노력하지 않고 대충 하는데도 정말 우수한 결과를 내놓는 경우도 있기 때문이다. 자신의 무능함을 깨닫게 되는 사람은 얼마나 속상하며 화가 나는지, 경험해 보지 않은 사람들은 결코 모를 것이다.
 그런데, 슬프게도 영재들은 다른 사람들의 우수함을 금방 알아본다. 그것도 본인이 잘하고 싶은 분야에서는 자기보다 나은 사람을 쉽게 알아보고 이겨보려 노력하다가 추월하는 경우도 있고, 그것이 불가능한 경우에는 심하게 자신을 학대하기도 한다.

〈아마데우스〉라는 영화를 보면 우리는 살리에르가 얼마나 마음이 아팠을지 상상해 볼 수 있다. 모차르트의 재능을 가장 먼저 알아본 사람은 바로 살리에르였다. 나는 살리에르는 영재였다고 생각한다. 그리고 모차르트는 천재가 아니었을까?

영화 속에서 살리에르는 모차르트를 만나기 전까지는 자신이 최고라 생각하며 늘 자신감에 넘쳐서 살던 사람이었다. 그런데 영재들만 모인다는 특목고에 들어간 학생들 중 상당수는 마음에 상처를 받곤 한다. 나는 강원과학고에서 근무하는 동안 그러한 아이들을 종종 볼 수 있었다. 영재들이 다른 영재들과 만나서 서로의 실력을 겨루며 다른 아이들이 나보다 낫다는 것을 먼저 알아보고는 힘들어하기 시작하는 것도 살리에르와 같은 경우가 아닐까?

어쨌든 살리에르는 자신의 음악적 재능을 스스로 자신하며 음악인으로서는 최고의 자리, 궁중 악장의 자리에까지 올랐던 사람이다. 그도 대단한 사람이었던 것이다. 세상 모든 아이들은 부모에게 소중한 존재들이다. 우리 아이의 경우처럼, 아이들은 모두 저마다의 재능을 가지고 태어난다. 부모라면 저마다 내 아이가 어떤 분야에서 영재인지를 찾아야 하는 것이 아닐까? 대부분의 아이들이 자신이 하고 싶어 하는 분야에서 영재성을 띠고 있을 거라는 생각을, 나는 우리 아이를 기르면서 하게 되었다. 살리에르는 모차르트의 천재성을 발견하면서 스스로 불행한 사람이 되고 말았다. 모차르트가 자신의 곡을 마음대로 편곡하여 아름다운 곡으로 만들어내는 순간, 그의 시기와 질투는 극치를 이루며, 그것이 증오심으로까지 발전하게 되었으니까. 증오심은 역시 죄악을 낳게 된다.

증오심에 가득 찬 그는 외치고 있었다.

"신이여! 왜 어리석고 천방지축인 저 모차르트에게는 천재적인 재능을 주시고, 저에게는 왜 천재를 알아볼 수 있는 능력만 주셨습니까?"

그는 급기야, 모차르트를 파멸시키고 말았다. 그는 얼마나 괴롭고 힘든 나날을 보냈을까? 그때 그의 그 고통을 알아주고, 위로해 주는 따뜻한 엄마가 있었다면 그의 삶이 그렇게 불행하게 끝나고 말았을까?

영화 〈아마데우스〉와는 달리, 실제로 살리에르는 가곡의 왕 슈베르트의 스승이며, 음악의 성인 베토벤, 그리고 리스트의 스승이었다. 17세기 고전파 음악가인 그는, 당시에 하이든, 모차르트 그리고 베토벤 등과 함께 권위 있는 음악가 중의 하나였다. 그런데도 살리에르는 그런 실제의 업적보다는 모차르트를 시기하고 질투함으로써 그를 살해한 작곡가로 더 알려져 있다. 그것은 모차르트를 죽인 것이 사실이든 아니든 아마도 살리에르의 독백이 아무리 노력해도 평범한 인간일 수밖에 없는, 신이 준 천재의 재능 앞에서 좌절할 수밖에 없는 영재들의 모습을 잘 대변하고 있기 때문이리라.

엄마들이 내 아이의 영재성을 발견하고 기뻐하고 행복해하는 순간에 내 아이가 자신보다 더 뛰어난 친구를 발견하고 좌절하고 힘들어하고 상처받고 있다는 것을 알아야 한다. 내가 이제껏 근무해 온 학교의 학생들 중에서 가장 고민을 많이 하고 학교생활에 힘들어하는 학생들은 과학고 학생들이었다. 서로 어울려 놀면서도 친구에게 상처받고 힘들어했고, 그런 상태도 모르고 한마디 하는 엄마의 말에 찔린 아이들을 너무나 아파했다.

만약 당신의 아이가 영재판별검사를 통해 영재성을 인정받았다면, 내 아이가 다른 평범한 아이들보다 더 예민하고 상처받기 쉬운 아이임을 깨달아야 한다. 더 조심스레 그 마음을 헤아려줘야 할 것이다.

그리고 또 한 가지 기억해 둬야 할 것이 있다. 영재라고 해서 모두 똑같은 것은 아니다. 영재교육에 관심을 갖게 된 나는 영재심화 과정 연수를 받으면서 인천대학교 한기순 교수님의 교재 속에 실린 글을 읽고 감동을 받은 적이 있다. 그 글은 엄마이자 교사인 내게 많은 질문을 던져주었다. 우화 형식의 그 글은 다음과 같다.

> 숲 속에 동물들의 학교가 있었다. 이 동물학교의 교과 과정은 달리기, 수영하기, 나무 오르기, 날기로 구성되어 있었으며, 이 학교에 다니는 학생이라면 이 모든 교과목을 통과하여야 했다.

이 학교의 한 학생인 오리는 수영하기에서는 강사보다도 우수한 성적을 보일 정도로 뛰어났다. 하지만 날기에서는 평균점을 유지하는 정도였으며, 달리기에서는 가망이 없을 정도로 형편이 없었다. 오리는 방과 후 수영강좌를 포기하고 달리기 연습에 매달렸다. 그 결과 다행히 달리기에서 성적이 약간 상승했으나 수영에서는 평균점밖에는 얻지 못했다. 오리를 제외하고 이 문제에 대해 걱정을 하는 학생이나 교사는 아무도 없었다.

이번에는 이 학교의 문제아인 독수리를 보자. 독수리는 평소에 제멋대로 행동했기 때문에 늘 교사들의 미움을 사곤 했다. 예를 들어, 나무 오르기에 있어 독수리는 타의 추종을 불허했으나 독수리는 나무에 오를 때 교사가 지시한 대로 나무 밑동에서부터 차근차근 올라가지 않고 늘 자신만의 독특한 나무 오르기 방법인 날기를 이용했다. 그렇기 때문에 독수리의 나무 오르기는 항상 낙제점을 면치 못했다.

달리기에서 자기 반의 우등생으로 이번 학기를 시작한 토끼 역시 수영에서의 보충수업과 많은 과제와 심적, 육체적 부담으로 인해 많은 고충을 겪고 있었다.

나무 오르기의 귀재로 알려진 다람쥐 역시 심각한 문제를 안고 있었는데, 문제는 바로 날기였다. 날기 강사는 다람쥐로 하여금 나무 위에서부터 나는 법을 가르치기보다는 땅바닥에서부터 날기를 배우라고 강요해 호흡에 이상이 생겼다. 다람쥐는 이제 나무 오르기나 달리기에서도 C와 D밖에는 얻지 못하게 되었다.

들개의 부모는 학교에서 땅파기를 정규교과목으로 인정하고 가르쳐 주기를 학교에 요청했으나, 기각되자 자신의 아이에게 개인교습을 시키고 있다.

시간이 흘러 학년 말이 되었다. 수영, 달리기, 나무 오르기, 그리고 날기에서 그럭저럭 고르게 평균 이상의 성적을 보인 뱀장어가 이 학교의 우등생으로 졸업하게 되었다.

분명 아이들마다 재능이 다르고 개인차가 있는데, 그 차이를 철저히 무시하고 어떤 면에서든 내 아이가 최고가 되어주기를 기대하던 나의 어리석음을 철저하게 반성하게 했던 글이었다. 이야기 속의 뱀장어처럼 빈틈없는 사람만이 살아남는 획일화된 교육현실 속에서 사는 것만으로 내 아이는 충분히 힘들다. 엄마라면 내 아이가 무엇을 잘하는지를 파악하고, 내 아이가 행복해지기 위해 무엇을 해주어야 하는가에 대해 고민해 보아야 할 것이다.

과학고에서 만난 학생 중에 잊을 수 없는 아이가 있다. 분명 수학은 '가'인데, 과학글쓰기를 아주 잘하는 학생이 있었다. 하지만 수학성적이 낮으니까 당연히 성적도 하위권이었다. 어느 날, 학교에 찾아온 엄마가 그 아이에게 하는 말을 들었다.

"너, 이래도 이 학교에 계속 다닐 거니? 이제 그만 포기하고 검정고시 준비해."

그 아이는 그날 엄마의 그 말에 얼마나 마음이 다쳤을까? 그래도 수학경시대회에서 은상이라는 성적을 받고 우수한 성적으로 과학고에 진학할 때만 해도 엄마에게는 얼마나 자랑스러운 아들이었을까? 한 번 두 번 아들의 성적표를 보면서 자랑스럽던 아들이 갑자기 저능아로 변한 것이다. 그 엄마는 학교에 올 때마다 아들에게 짜증을 냈다. 사실 엄마가 그런 말로 아이의 가슴을 후벼 파지 않아도 그 아이는 충분히 자존심이 상했고 학교생활을 힘들어했다.

그런데, 그 아이는 성적이 최하위권이었음에도 불구하고, 실험 후에 과학실험 결과를 가지고 논문을 쓰는 것만큼은 가장 잘했다. 나는 그 아이를 내가 운영하던 교내 화학동아리인 'ChRoM'에 데리고 와서 탐구논문 실험을 시키고는 논문을 작성하도록 했다. 그뿐만 아니라 강릉대 화학과 교수님에게 사사교육을 받은 후의 논문도 그 학생이 주도해서 쓰게 했다. 논문을 작성하는 것은 물론 발표하는 실력도 뛰어났고, 발표하고 나서 받게 되는 날카로운 질문들에 대해서도 매우 대처를 잘했다.

그 학생이 2학년이 되었을 때, 1학기에 조기졸업을 하는 학생들을 대상으로 고려대에서 논술고사로 수시모집을 했다. 수시모집에 뽑히면 장학생으로 입학할 수 있는 것이었다. 성적이 더 우수한 학생들도 지원했지만 오로지 그 아이 한 명만 합격했다. 그 아이의 가장 뛰어난 논문 실력이 논술고사에서 유감없이 발휘되었으니까. 수학시험을 봐서 뽑은 것이 아니었으니까. 대학을 다니면서도 성적이 우수했던 그 학생은 카이스트 대학원 과정에도 합격해 잘 다니는 것을 보았다.

어떤 재능이든 우습게 보일만 한 재능은 없다. 모든 재능을 소중하게 대해 줘야 할 것이다. 나는 과학고에 근무할 당시에 수학 성적 때문에 고민하는 학생들에게 꼭 이 아이의 사례를 이야기해 주었다. 그리고 나서 고민하고 있는 학생들에게 이야기해 주었다.

"수학을 못 한다고 포기하지 마라. 어디에든 길은 있다. 자신감을 가지고 열심히만 한다면……."

# 칭찬은 아이를 춤추게 한다

틀에 박힌 교육은 아이들을 망친다. 과학고의 화학실험교과 시간에는 교과서 실험에서 벗어나 학생들에게 실험과제만 주고 조별로 실험을 설계하도록 했다. 조별로 실험을 시작하기 전에는 실험을 어떻게 할 것인지 토론을 하게 된다. 보통 4명이 한 조를 이루게 되는데, 이러한 토론 활동을 하는 과정을 지켜보며 이상한 아이를 발견했다.

이 아이는 자신이 제시한 실험방법이 다른 조원들에게 받아들여지지 않고 다른 방법으로 실험을 하도록 결정되자 갑자기 실험을 시작하기 전에 화장실에 가더니 오지를 않았다. 급기야는 남자화장실에 들어가서 울고 있는 그 아이를 화장실 문을 두드리고 나오게 해서는 실험실에 데리고 왔다. 그 아이는 같은 조원들이 결정한 실험 방법이 마음에 안 드는데도 그 실험을 왜 함께해야 하느냐는 것이었다. 그 학생은 똑똑하고 과학적인 재능이 있었지만 가끔 그런 독특한 행동으로 다른 학생들이 그 학생을 회피하는 경우가 더러 있었다. 나는 하는 수 없이 그 학생에게 혼자서 그 실험을 모두 수행하라고 개인 과제를 내주었다.

아무리 똑똑하다고 하더라도 함께 협동하면서 해야 하는 활동을 잘 못하는 학생들을 어떻게 지도해야 할지, 설득해서 그 조에 넣어 놓으면 내내 화가 나서 아무 말도 안 하고 있는 저 학생을 무시해야 하는 것인지, 내게는 참으로 고민이 되는 일이었다.

"그런 녀석은 남자도 아니에요. 버릇을 똑똑히 고쳐줘야 합니다. 그렇게 해서 사회생활을 어떻게 하겠어요!"

다른 선생님들은 그 학생에 대해 그렇게들 이야기했다. 그런데, 나는 일단 그 학생의 영재성을 밀어주고 싶었다. 모든 인간은 다면체이다. 저마다 다른 면을 갖고 있기 때문이다. 그러니 아이들마다 취향이 다양할 수밖에 없다. 그 학생이 다른 아이들과 다르다고 해서 나쁜 것은 아니다.

그 학생은 다른 학생들과 함께하는 특별 수업을 거부했다. 자기 혼자만 따로 지도해 달라고 하는 그 학생의 의견을 충분히 받아들여 다른 학생들과의 약속이 없는 시간에 이석증(자율학습시간에 학생이 독서실을 이탈해 다른 곳에서 공부할 수 있도록 인정해 달라고 감독교사에게 요청하는 중)을 끊어주고, 내 연구실로 오게 했다.

그런데 수업시간에 문제풀이를 발표하도록 시켜보면 내가 가르쳐 준 방법으로 문제를 풀이하는 것이 아니라, 꼭 자신만의 다른 방법을 찾아내어 발표하면서 스스로 만족하는 것이었다. 하지만 그럴 때마다 잘했다는 칭찬을 아끼지 않았다. 그 아이에게는 선생님께 인정받고 싶어 하는 마음이 숨어 있다는 것을 느꼈기에. 그리고 엄마로부터 받지 못한 사랑을 여자선생님인 나에게 아들과 같은 대우를 받고 싶어 하는 그 마음을 알았기에……

결국 그 아이는 대통령 장학생이 되었고, 가고 싶은 대학에 진학해 정상적으로 공부를 열심히 하면서 살고 있다. 한동안 사춘기 시절에 친구들과 타협을 못하고, 혼자만 인정받고 싶어 하는 마음을 숨기지 못하고 살았던 날들을 부끄러운 마음으로 기억할까? 아니면 아름다웠던 고등학교 시절의 추억을 떠올릴까? 친구들과 토론하다 화장실에서 숨어 울었던 일들을 떠올리면서 그 학생은 웃을 수 있을까? 그 모든 사실을 기억해 주는 내가 부담스러울까?

어쩌면 남에게 인정받고 싶어 하는 마음이 발전을 가져올 수도 있는 것 같다. 칭찬은 고래도 춤추게 한다고 했지 않은가? 모든 학생들은 자신을 인정해 주는 사람을 좋아한다. 그리고 어떤 경우에도 자신을 믿어주고 인정해 주는 선생님에게는 절대로 대들지 않는다.

이러한 이치는 부모 자식 관계에서도 적용될 수 있을 것이다. 그러니 엄마들이여, 아이에게 칭찬을 아끼지 말자. 칭찬을 너무 남발하면 역효과가 나타날 수도 있겠지만 적절한 칭찬은 아이를 발전시킬 수 있는 것이다.

# 가난하다고 꿈조차 가난할 수는 없다

2009년 5월 학생과학발명대회에 출품할 발명품을 반입하던 날, 나는 어느 시골학교의 초등학생과 우연한 첫 만남을 가졌다. 그날 우리 학교 학생이 과학발명품을 출품하게 되어, 발명품을 진열해 놓고 작품 앞에서 설명하는 연습을 시키고 있었다. 그때 조그맣고 까맣게 생긴 초등학생을 데리고 오신 한 여선생님이 갑작스레 내게 말을 걸어왔다.

"과학고 선생님이세요? 우리 인수가 과학고에 가는 것이 꿈인데, 시간이 괜찮으시면 같이 저녁식사하시면 안 되겠어요?"

그러고는 잠깐만 그 초등학생이 발표연습을 하는 것을 봐달라고 부탁하는 것이 아닌가. 인수는 키가 작고 어려 보이는 학생이었다. 6학년인데도 4학년 정도의 작은 키에 얼굴도 전형적인 시골아이 같았다. 어수룩하고 순진해 보이는 모습이었다.

그런데 인수가 자신이 발명한 과학완구 작품에 대해 발표연습을 하는 모습을 지켜보면서 깜짝 놀라지 않을 수가 없었다. 초등학생답지 않게 자신의 작품에 대해 당당하고 자신 있게 발표를 아주 잘했다. 여러 가지 질문을 던져도 자신 있게 대답했다. 결국 인수는 특상을 받았다.

며칠 후, 특상을 받은 학생들이 특별 전시회를 하면서 17명의 교육장님과 교육감님 앞에서 발표할 때는, 발표 도중에 교육감님께 함께 게임을 해보자고 해서 모든 교육 관계자들을 감탄하게 만드는 기지를 발휘하기도 했다.

그날 인수와 함께 저녁을 먹으면서 무척 무거운 이야기를 들었다. 인수는 부모님을 모두 잃고 큰아버지와 함께 살기 위해 4학년 때 서울에서 평창군 계촌으로 갑자기 이사를 온 고아라고 했다. 믿기 어려운 이야기였다. 그렇게도 밝은 미소를 짓는 인수의 처지가 너무나 가혹한 것 같았다.

인수가 4학년 때 직장을 구하기 힘드셨던 아버지는 제천으로 돈을 벌기 위해 갔다가 두어 달 만에 갑자기 길에서 객사하셨다. 아버지가 갑자기 돌아가시자 어머니도 그 충격으로 곧 돌아가셔서 세상천지에 혼자만 남게 되었다는 것이다. 얼마 후, 평창에서도 한참 들어가야 하는 아주 작은 마을에 큰아버지가 살고 계시다는 것을 알게 되어서 4학년 때 서울에서 이곳으로 전학을 왔다. 그런 환경에 주눅 들지 않고 자신의 꿈을 초면인 내게 당당히 밝히는 인수가 밉지 않았다. 그날 인수는 과학고에 들어가려면 무엇부터 공부해야 하느냐며 초롱초롱한 눈으로 여러 가지 질문을 했다. 그런 인수를 바라보면서 많은 생각을 하게 되었다.

하지만 과학고에 인수가 들어온다고 해도 과학고생활을 하기 위해서는 적지 않은 돈이 들 수밖에 없다. 이런 학생이 설사 장학금을 받는다고 해도 장학금만으로 학교생활을 모두 감당하기는 쉽지 않다. 앞으로 닥칠 경제적 어려움을 어떻게 극복하면서 꿈을 이룰 수 있을까……. 앞으로의 문제들을 생각하니 눈앞이 깜깜해졌다. 나는 2010년 2월이면 강원과학고에서 8년 만기를 채우고 떠나야 하는 상황이었다. 인수가 과학고에 들어온다고 해도 나는 그곳을 떠나고 없을 것이다. 그래서 인수를 위해 내가 해줄 수 있는 일은 아무것도 없다는 이야기를 어렵사리 해주고는, 그날 인수와의 첫 만남은 아쉬움과 여운을 남긴 채 끝이 났다.

2009년 7월, 내가 지도한 학생이 생활과학 부문에서 특상을 수상했고, 인수도 과학완구 부문에서 특상을 받았기에 전국학생과학발명대회에 우리 학생과 인수가 함께 출전하게 되어 인수와 두 번째의 만남을 갖게 되었다. 대전의 국립중앙과학관에서 개최된 전국학생과학발명대회에 작품을 반입할 때 인수와 인수의 선생님이 우리 학교 학생과 함께 내 차에 동승하게 되었기 때문이었다. 그때 인수를 더 가까이 보면서 대화하게 되었다.

　세상에 홀로 남겨진 수줍음 많은 인수는 홀로 잘 살아내기 위해서는 모든 사람에게 정성들여 대해야 하고, 잘 보여야 한다는 생각을 가진 듯했다. 나이답지 않게 너무나 반듯하고 예의가 바른 학생이었다. 인수의 그러한 행동은 초등학생답지 않았다. 모든 사람들에게 항상 거리감을 두는 것만 같아서 가슴이 아팠다.

　"인수야, 너무 그렇게 예의 바르게 안 해도 돼. 우리는 친해졌잖아. 이리 옆으로 와서 앉아 봐."

　그렇게 말해 주어도 인수의 태도는 한결같았다. 주변 사람들에게 깍듯이 대했지만 항상 다른 사람들과 한 뼘의 거리를 두고는 자신의 자존심을 지켜나갔다. 초등학교 선생님에게 물어보니 친구들에게도 항상 적절하게 대하고 친구들의 마음을 상하게 하지 않으려고 애를 쓴다는 것이었다. 너무 버릇이 없는 학생들도 문제지만, 늘 이렇게 각을 세우고 사는 인수의 삶은 얼마나 피곤할까 싶었다.

　강원과학고에서 임기를 마치고 2010년 봄에는 다른 학교로 전근을 가야 했는데, 도대체 갈 곳이 마땅치 않았다. 2009년 11월이 되면서부터 다음 해에 이동할 학교를 찾느라 바쁘던 중, 다행히 내가 2009년의 '올해의 과학교사상' 수상자로 선정되었다는 소식이 신문에 실리게 되었다. 이때 교육계의 많은 선배님들이 축하 전화를 해 주셨다.

그러다 한 장학사님이 평창에 계촌이라는 아주 작은 벽지 학교에서 교무부장역할을 할 과학교사로 화학전공 초빙교사를 공모하고 있더라는 소식을 전해 주었다. 인연이란 이런 것인가? 계촌이라는 마을은 인수 때문에 이미 알고 있던 곳이었다. 그동안 인수를 잊고 있었는데 초빙교사 공모를 한다는 소식을 듣고는 귀가 번뜩했다. 어쩌면 나와 인수 사이에는 강한 인연의 끈이 연결되어 있는지도 모른다는 생각이 들었다.

그날 바로 홈페이지를 통해 초빙 조건을 살펴보고 서류를 작성해서는 계촌중학교를 방문했다. 그리고 2010년 3월에 그 중학교의 과학교사로 발령을 받게 되었다. 인수 역시 2010년 3월 1일에 계촌중학교에 신입생으로 입학했다. 우리는 학생과 과학교사로 다시 인연을 맺게 된 것이다.

계촌중학교는 작은 학교라서 학급 수가 많지 않아 교감이 배치되어 있지 않았다. 나는 그 학교에서 교감 역할까지 해야 하는 교무부장으로서 많은 업무를 떠맡아야 했기에 늘 바빴다. 그러나 과학고에 가려는 꿈을 품고 사는 인수가 있기에 나는 과학 업무를 소홀히 하고 싶지 않았다. 실험활동도 가급적이면 열린 과학탐구실험을 하고자 노력했고, 교재연구를 모든 일보다 우선으로 여기며, 그렇게 중학교 과학교사로서의 생활에 적응해 갔다.

모든 과학교사가 그렇듯 3월부터 시작되는 다양한 종목의 과학경진대회를 준비하면서 새로운 학교 일에 적응하느라 바쁜 나날을 보내야 했다. 전교생이 21명인 학교에서 여러 종목의 대회에 출전할 학생을 뽑으면서, 되도록이면 골고루 많은 학생들이 교육청 대회에 참가할 수 있도록 기회를 주기 위해 노력했다. 또한 매주 화요일을 'Science Day'로 정하고 전교생이 과학동아리 활동을 하게 한 후 강원도 과학동아리발표대회에도 출전시켰다.

그 결과, 평창군에서 제일 작은 중학교인 우리 학교가 과학 분야에서 실적이 가장 좋은 학교로 칭찬받게 되었다. 과학동아리발표대회뿐만 아니라 과학발명품대회, 창의력경진대회, 과학전람회 등 여러 과학 관련 대회에서 우수한 성과를 거두었다. 이러한 결과를 얻을 수 있었던 것은 인수라는 학생 한 명이 과학을 좋아하고 열심히 하려는 의지를 보여주었기 때문이었다. 나를 필요로 하는 학생이 단 한 명만 있더라도 교사로서 무엇이든지 해주고 싶었다.

인수의 꿈은 장차 과학자가 되는 것이었다. 나는 인수를 과학고에 보내기 위해 1학년 때부터 체계적으로 준비시키면서 다양한 과학활동도 함께하면서 과학자로서의 자질을 키워주려고 노력했지만, 결국 과학고 진학에는 실패했다.

그러나 인수는 실패했다고 해서 꿈조차 저버리는 아이는 아니었다. 과학고는 아니지만 자신의 꿈을 평창고에 가서도 펼쳐보리라 다짐하는 인수에게 나는 계속해서 멘토가 되어주려고 한다. 항상 엄마의 마음으로 그 아이의 성장을 지켜보려고 한다. 인수가 장차 훌륭한 과학자가 되어 이 사회를 위해 헌신할 수 있는 날이 오기를 바라는 것이다. 훗날, 인수가 훌륭한 과학자가 된다면 힘들게 살고 있는 우리 청소년들에게 희망을 줄 수 있을 듯싶다. 어떤 상황 속에서도 열심히 긍정적으로 살면 성공할 수 있다는 것을 깨닫게 될 것이다.

Part 4

# 대학에 입학해 사회생활을 준비하기까지

# 아이의 진로를 결정해 주지 말고, 아이 스스로 선택하도록 하라

좋은 부모가 좋은 자녀를 만든다. 엄마가 돌아가시자 아버지는 내게 한동안 엄마 노릇까지 해주시면서 직장일을 하셨다. 그런 아버지를 위해 나는 중학생 때부터 아버지의 와이셔츠를 잘 다려서 출근 준비를 해드렸고, 내 도시락과 동생 셋의 도시락을 아침마다 준비했다. 그런데, 새엄마가 우리 집에 오시고 나서부터 아버지는 우리에게 눈길도 주지 않았다. 아마도 동생들보다 그 사실에 가장 분노하고 있었던 사람이 바로 나였던 것 같다. 내가 장녀였으니까.

아버지를 깜짝 놀라게 할 만큼 아버지의 관심을 끌 만한 일을 찾으려 했다. 어렵게 생각해낸 것이 바로 성적의 추락이었다. 내 성적이 곤두박질치면 아버지는 무척 놀라실 것이고 내게 다시 관심을 가지게 될 거라고 생각한 것이었다. 그래서 나는 실제로 그렇게 했다. 바보스럽게도…….

고등학교 2학년 때 성적이 뚝 떨어진 내 성적표를 보셨는데도 아버지는 아무런 표정의 변화도 관심도 보이지 않으셨다. 이대로 고등학교 3학년이 되면 어떻게 되나? 내가 더 조바심이 나기 시작했다. 겉으로는 티를 내지 않았지만…….

고등학교 2학년 겨울방학이 시작되어서도 나는 아버지 앞에서 공부를 하지 않고 버젓이 문학전집을 읽고 있었다. 그러던 어느 날 아버지께서 아버지의 직장에 같이 가보자고 말씀하셨다. 청주시청에 다니시던 아버지는 사표를 내시고, 그동안 관리하셨던 청주공업단지 관리공단으로 자리를 옮기셨다. 관리공단 입구 사거리에 내리라고 하시더니, 아침에 수많은 여자들이 양쪽으로 갈리는 모습을 비교해 보라고 하셨다.

"왼쪽으로 향하는 이들은 충북대학교로 가는 여대생들이고, 오른쪽으로 가는 여자들은 공업단지에서 일하는 공장직원이다. 공부를 안 하면 오른쪽으로 가는 것이고, 공부를 열심히 하면 왼쪽으로 가는 여대생이 되는데, 선택은 네 몫이다."

그러시면서 아침마다 이곳을 지나칠 때면 미애가 왼쪽으로 가게 될지 오른쪽으로 가게 될지에 대해 생각하게 된다고 말씀하셨다.

"네 엄마가 너를 사립대에는 안 보낼 거 같지 않니? 등록금이 비싸잖아. 네 엄마가 안 된다고 하면 나도 못 보내. 대학에 가고 싶으면, 여기는 다녀야지."

그 당시에 국립대학과 사립대학은 등록금 차이가 많이 났다. 게다가 국립대 사범대 등록금은 고등학교 수업료보다 적으면서도 졸업 후 무시험 전형으로 중등학교 교사로 발령받을 수 있었다.

아버지는 내게 단호한 표정으로 말씀해 주셨다.

"나는 미애가 여기 사범대에 들어가서 교사가 되었으면 참 좋겠다고 생각하는데, 너는 어떠니? 이제부터 공부 좀 할래? 뭐, 여기 대학에 못 가면 그냥 공장직원으로 일할 곳은 내가 얼마든지 알아봐줄 수 있는데……."

그날 이후, 나는 언제 그랬느냐는 듯 무섭게 공부하기 시작했다. 그러면서 아버지는 참으로 무서운 분이라고 생각했다.

아버지의 진학지도 방법은 효과가 있었다. 대학에 합격하기까지 나는 4시간 이상을 자 본 적이 없었으니까. 오랫동안 공부를 안 하고 놀았던 공백을 메우랴, 아버지가 원하는 중등학교 교사가 되려고 국립대 사범대에 진학할 수 있는 성적을 만들기 위해…….

공부를 억지로 시키려고 아이를 강하게 압박하고 집요하게 가르치는 것보다는 이렇게 충격적인 요법으로 스스로 공부하게 만드는 것이 좋은 것 같다. 우리 사남매의 진로지도를 그런 식으로 하신 아버지를 우리는 미워할 수가 없었다. 내 남동생은 공군사관학교를 나와서 공군 대령이 되었고, 여동생은 방송통신대학교 영문과를 졸업하고 아버지가 계신 공단 내의 외국인 회사에 취직해 오랫동안 직장생활을 잘해 왔다. 마흔을 넘긴 어느 날, 여동생은 회사에 사표를 던졌다. 오래전부터 해보고 싶은 노래를 시작해서는 지금은 노래교실 선생님으로 행복하게 생활하고 있다.

대학생이 된 나는 아버지의 직장 근처로 등교하게 되었는데도 단 한 번도 아버지의 차를 얻어 탄 적이 없었다. 물론 새엄마의 눈치가 보여서였겠지만, 늘 이렇게 말씀하셨다.

"학생은 학생답게 버스를 타고 다녀야지. 내가 어렸을 때는 십 리 길도 걸어다녔어."

학교까지 가려면 버스를 두 번이나 갈아타고 다녀야 했기 때문에, 버스를 갈아타고 다니는 것이 번거로워서 아예 나는 학교까지 거의 날마다 뛰어다녔다. 그렇게 먼 거리를 4년 동안 뛰어다녔기에 지금의 건강을 유지할 수 있는 것인지도 모른다.

오늘날에는 아이를 위해 학교까지 자가용으로 데려다주는 부모들이 많은 것 같다. 아침마다 학교 앞 등굣길은 아수라장이다. 과연 그렇게 하는 것이 내 아이를 위한 것일까?

# 좋아하는 것을 하면 힘든 줄도 모른다

일본에서 대학생활을 하고 싶다는 아이의 꿈을 받아들인 나는, 아이가 고등학교 2학년 겨울방학을 맞자 아이와 둘이서 일본의 몇몇 도시를 돌아보았다. 동경, 교토, 오사카, 그리고 고베를 돌아보았는데, 동경은 물가가 너무 비싸고 복잡한 것 같았다. 그에 반해 고베는 1995년에 있었던 대지진 이후 새로 꾸며진 계획도시였는데, 바다와 아름답게 어우러진 공업지대였다. 간사이국제공항에서부터 고베로 가는 길이 어찌나 아름다운지, 고베로 진입하면서 그 도시가 마음에 들었다.

나는 고베예술공대에 가겠다고 결정한 아들의 의견을 존중해 그곳으로 보내기로 했다. 고등학교 3학년이 되던 해 11월, 그 학교의 입학설명회에는 덕원예고 교장선생님도 동행해 주셨다. 예고의 교장선생님으로서 제자인 학생을 추천해 주기 위해서였던 것이었다. 이렇게 한 학생의 대학진학을 위해 도움을 주신 교장선생님의 은혜를 잊을 수가 없다. 아무 대가도 바라지 않으시고 2년 동안 우리 아이에게 직접 일본어와 일본 문화를 가르쳐 주신 것도 고마운데, 게다가 일본의 대학까지 동행해 주시다니……. 교장선생님이 내 아이에게 그래주신 것처럼, 나 역시 아무 조건 없이 학생을 위해 내가 가진 능력을 기부하는 좋은 교사가 되어 그 교장선생님의 은혜에 보답해야겠다고 결심했다.

1학년 때부터 일본 유학을 위해 2절 스케치북에 차곡차곡 그림을 그려서 준비해 온 포트폴리오 덕분이었는지, 그 대학 교수님들의 작품을 오랫동안 연구하고 준비해 온 자료 덕분이었는지, 교장선생님으로부터 배운 일본 문화에 대한 상식 때문이었는지, 2시간 동안의 긴긴 전공면접을 거친 우리 아들은 최종 합격했다. 그 당시에 표현미디어과의 애니메이션 전공생으로는 우리 아들이 외국인으로서는 처음으로 뽑힌 것이었다.

대학생이 된 우리 아들은 고베 시에서 운영하는 외국인 기숙사에서 살게 되었다. 중·고등학생 때 아무리 일본어를 열심히 공부했다고 해도 강의를 온전히 알아듣고 따라가기 위해서는 열심히 공부해야 했다. 그 대학은 강의를 듣고 강의를 들은 소감을 적어서 내야만 출석을 인정해 주었기 때문에 열심히 공부할 수밖에 없었다. 우리나라 대학의 경우에는 가끔 출석하지 않고 친구에게 대리출석을 시켜도 되고, 강의실에 앉아 있더라도 그 시간을 허비하고 나오는 경우도 있는데, 그렇게 하면 출석점수를 딸 수 없다는 것이었다. 공부를 하려면 제대로 하라는 것이니, 참으로 좋은 교육시스템이라는 생각이 들었다.

교수님들은 한국인에 대해 전혀 차별하지도 않았다. 우리 아들은 공동작품을 만들 때도 한 조의 조장으로 세 번이나 연출을 맡아 작업을 지휘할 수 있었고, 공동작품을 대표로 발표하기도 했다. 교수님들도 친구들도 한국인이라고 해서 차별대우를 한 적도 없었다. 그렇게 대해 주는 친구들과 교수님들이 고맙게 여겨져서 우리 아들은 더욱 열심히 학교생활을 했다. 대학 2학년 때는 과에서 인턴을 두 명만 추천해 주었는데, 거기에 추천을 받기도 했다. 낯선 나라에서는 외로움이 커지는 게 당연한데, 아들이 한국인들의 모임에도 가지 않고 누구보다도 열심히 학교생활을 한 데는 이유가 있었던 것이다.

내가 아이에게 보내주는 유학비는 항상 작았고 쓰기에 빠듯하지만, 아이는 그래도 그 돈이 얼마나 소중한 돈인지 알았기 때문에 아껴서 썼다. 보고 싶은 책이 있으면 꼭 그 책을 사서 읽어야 하는 아들은, 그날의 점심은 굶었다고 한다. 우리 아이는 군대에 가기 위해 휴학을 하기 전까지 힘들게 살아야 했지만 자신이 하고 싶은 공부를 하니, 하루하루가 행복하고 좋았다고 한다.

역시 사람은 자신이 하고 싶은 것을 해야 잘하든 못하든 그저 행복을 느끼나 보다. 뒤늦게나마 아들이 하고 싶어 하는 애니메이션을 전공할 수 있도록 길을 열어준 것에 스스로 잘했다는 생각을 했다. 일찍이 그냥 하도록 해주었으면 우리 아들은 어떻게 되었을까? 나는 가끔 아들이 그린 그림을 산산이 찢어버렸던 그때를 생각하면서 스스로의 행동을 반성해 보기도 한다. 왜 나는 일찍이 아들을 행복하게 해주지 못하고 그토록 힘들게 했을까? 무엇을 위해서, 누구를 위해서……

# 절망에서
# 새로운
# 소망으로

　사랑하는 사람과 떨어져 지내면 더 만나고 싶은 법이다. 아들이 고등학생이 된 이후부터 대학 3학년까지 아들과 6년을 떨어져 살았다. 게다가 대학생활 3년 동안은 아들을 일 년에 한두 번 방학 때만 만날 수 있었다. 그런데, 이번에는 아들을 군대에 떠나보내야 했다. 군대에 가면 우리 아들이 얼마나 고생해야 할까? 바로 대한민국에서 아들을 둔 엄마들이라면 누구나 하는 고민을 하게 된 것이었다.
　그런데 남편은 나에게 고민하지 말라고 했다. 남자는 군대를 다녀와야 남자다워지고, 힘든 부대에서 근무할수록 더 멋진 어른으로 완성된다고 한 것이다. 남편의 말을 철석같이 믿었던 나는, 입대하기 전에 내게 찾아온 제자들에게도 다음과 같은 말을 해주었다.

"피하지 마라. 꼭 다녀와라. 대한민국의 아들이라면 반드시 경험해야 할 필수코스다. 가려면 힘든 곳으로 가서 남자다운 면모를 확실하게 경험하고 오거라."

그런데 그 이야기를 듣고 입대한 내 제자들이 나를 얼마나 비웃었을까? 아들이 입대하는 날이 하루하루 다가올수록 마음이 아파왔다. 유학을 보내는 것과는 확실하게 달랐다. 입대하는 날, 감추려해도 흐르는 눈물을 주체할 수 없었다. 그래도 대한민국이 허술한 나라가 아니니, 내 아이의 특성과 특기에 맞춰 부대도 배치해 주고 그래도 인간이 사는 곳이니 사람대우는 받고 살 줄 알았다.

5주 동안의 훈련 기간 동안 나는 훈련병들의 훈련부대 홈페이지와 교회부대 홈페이지에 날마다 편지 두 통씩을 썼다. 그 홈페이지에 가면 우리 아들의 사진을 확인할 수 있었기에 밤마다 아들의 얼굴을 확인하고 또 확인하면서 위로를 받기도 했다. 군대의 교회에서는 매주 일요일 저녁이면 그날 예배 후에 부대별로 찍은 아이들의 사진을 올려놓아서, 아들의 모습을 사진을 통해 확인할 수 있었다. 내가 쓴 몇 줄의 편지를 받으면 아들이 얼마나 기뻐할까……. 편지를 쓰면서 아들에게 그동안 못 해준 일들이 생각나서 눈물만 흘렸다. 아들의 훈련병 시절에 내 눈은 항상 퉁퉁 부어 있었다.

아들이 5주 훈련을 마치고 배치된 부대는 강원도 화천 이기자 부대의 80밀리미터 박격포부대였다. 그런데 부대배치를 받은 아들은

5주간의 훈련기간이 군대생활 중에 가장 즐겁고 행복했다고 했다. 왜냐하면 이유 없이 못살게 구는 선임이라는 이름의 악마들이 없는 곳이었으니까.

80밀리미터 박격포는 인간이 들 수 있는 병기 중에 가장 무거운 병기라고 한다. 처음 이등병으로 들어가서는 포판을 들고 다녀야 했는데, 그것의 무게만 30킬로그램이었다. 그리고 자신의 20킬로그램 군장까지 메고 산길 100킬로미터를 행군하는 과정에서 군생활 8개월 만에 어깨를 다쳤다. 아무튼 인대 근육의 70퍼센트가 파열되었다는 진단을 받았다.

군대에 다녀온 사람은 모두 알 것이다. 그 진단을 받기 전에도 우리 아들은 어깨를 움직일 수 없었다. 하지만 군대에서는 진단이 나오기 전까지는 아프다고 해서 봐주지 않는다. 아들은 그 몸으로 엎드려뻗치고 머리를 박아야 했다. 다친 지 2개월이 지나서야 육군병원에 입원할 수 있었고, 한 달이 더 지나고 나서야 수술을 받을 수 있었다. 그런데 다친 지 너무 오래되었으니, 국군병원의 의사는 손상된 어깨의 인대에는 손도 못 대고 염증만 제거하고는 수술 부위를 봉합해 버렸다. 그러니, 수술을 한 후 6개월이 지났어도 어깨를 움직이지 못하는 것이었다.

상식적으로도 이해할 수 없는 일이 벌어졌다. 그렇게 수술을 맡았던 의사는 복무기간이 만료되어 제대를 하고 말았다. 누가 우리 아들의 잘못된 수술을 책임질 수 있는 것인지, 나는 모른다. 예전의 군에는 전우애라는 것이 있었다고 하는데, 아들은 같은 내무반에서 지내는 선임들에게 괴롭힘을 당했다. 선임들은 아들의 몸에 상처가 나지 않게 하기 위해 상처가 나지 않는 곳을 골라서 잔인하게 때리고 짓밟고는 온갖 욕을 해댔다.

나는 이러한 진실을 아들이 심각하게 다치고 나서야 알게 되었다. 남을 못살게 해서 고통스러워하는 모습을 보아야만 통쾌해서, 그런 악행을 저지른 것일까? 그렇게 못된 짓을 하는 선임을 신고할 수도 있을 텐데, 왜 그렇게 하지 않았느냐고 묻자 아들은 이렇게 답했다.

"엄마, 혹시나 내가 신고해서 그 선임의 제대가 미뤄지면 어떡해. 그렇게 되면 그 애를 더 봐야 하잖아. 그게 더 끔찍해. 그러니까 그냥 참는 게 약이야."

이제껏 그림을 그려온 우리 아이는 그렇게 오른팔을 쓰지 못하게 되었다. 국군병원에서 수술을 받은 지 6개월이 지났어도 오른팔을 움직일 수 없게 되자 서울에 있는 병원에 가서 MRI를 찍고는 재수술이 급하다는 진료를 받고는 수술을 받았다. 하지만 군대에서는 국군병원이 아닌 일반병원에서 수술을 받으면 5일만 시간을 준다. 아들은 월요일에 입원해 화요일에 수술을 받고는 금요일에 귀대했다.

다행히 재수술을 받은 지 한 달이 지난 뒤 오른팔을 올릴 수 있게 되었다. 괜히 잘못된 수술을 받고는 그동안 생고생만 해온 것이었다.

그런데, 더 기가 막힌 일이 벌어졌다. 그동안 어깨를 움직일 수 없었기 때문에 오른손에도 문제가 생긴 것을 몰랐던 것이었다. 우리 아들은 엄마가 걱정할까 봐 그 이야기를 차마 하지 못했다. 아들은 수전증이 있는 사람보다 심하게 오른손을 떨었다. 연필 하나도 들고 쓸 수 없을 만큼, 다른 사람과 악수도 못할 만큼 많이 떨었다. 검사해 보니, 액와 신경(겨드랑 신경)이 손상되었다는 것이 아닌가.

병원에서는 손상된 액와 신경은 회복이 불가능하다고 했다. 오른손으로 그림을 그려온 내 아들이 오른손을 못 쓰게 된 것이었다. 몇 날 며칠을 눈물로 지새우며 고민 끝에 국방부에 다음과 같은 민원의 글을 올렸다.

오랜 기간 동안 고민하다가 이렇게 여기의 민원실을 찾게 되었습니다.

제 아들은 덕원예고에서 서양화를 전공했고, 일본의 고베예술공과대학에서 애니메이션을 전공하면서 3학년까지 다니다가 육군으로 군에 입대했습니다. 특기는 80밀리미터 박격포였으며, 어깨를 다치기 전까지는 누구보다도 열심히 군생활을 했습니다. 의심나시면 조사해 보셔도 될 겁니다.

2010년 12월에 훈련 중 어깨를 다쳤지만, 2월 8일에야 춘천국군병원에 입원할 수 있었습니다. 그리고 3월 3일에야 어깨 수술을 받았는데 입원 병명은 근육파열이었으나, 수술을 해준 의사는 어깨를 열어보니 염증이 많아서 그것을 깨끗이 제거했다고 했습니다.

춘천국군병원에 입원하기 전에 근육파열이라고 해서, 서울의 마디병원에서 수술을 받으려고 하니, 민간병원에서 수술을 받으면 수술 후에 바로 부대로 복귀해야 한다는 말과 함께 국군병원에서도 어깨 수술은 많이 하니까 염려하지 말라고 했습니다. 그 이야기를 듣고 수술을 춘천국군병원에서 받도록 했던 것인데, 아들은 어깨 수술을 받았는데도 어깨가 낫기는커녕 더 아팠고 여전히 어깨를 움직이지 못했습니다.

시간이 흐르자, 어깨도 어깨지만 오른손을 수전증처럼 떨면서 오른손을 사용할 수 없게 되었다는 것도 알게 되었습니다. 오른손으로 그림을 그리면서 살아온 아들에게는 너무나 가혹한 현실입니다.

그리고 어깨의 근육파열이 치료가 되지 않은 채로 너무 오랫동안 시간이 흐른 후인 10월 20일에야 서울의 마디병원에서 어깨 수술을 받고 23일에 부대에 복귀했습니다.

어깨 수술을 받은 후, 어깨는 조금씩 움직일 수 있고 좋아지고 있지만 오른손은 여전히 사용할 수 없어서 재활의학과에 가보니, 액와 신경이 손상되었다고 합니다. 신경 손상은 복구가 안 된다고 하네요.

그림을 그리면서 살아야 할 아들은 이제 제대 후에 4학년에 복학한 후, 취직시험도 봐야 하는데……. 전공이 그림과 연관되어서 오른손으로 그 재능을 보여줘야 하는데, 암담하네요.

서울의 예술고등학교에 입학하고, 일본의 예술대학에서 공부하기까지 얼마나 많은 돈과 시간과 정성을 들였을지 아시리라 믿습니다. 그런데, 지금 아들의 평생의 소원이 날아가고 있습니다.

현재 아들은 어깨손상으로 인해 분명 환자인데 겉으로 보이지 않은 상태의 병명으로 인해 눈치를 보면서 의무소대에서 지내고 있습니다.

춘천국군병원은 민간병원에서 수술했다는 이유로 재활을 위한 입원을 받아주지 않고 있으며, 그들의 실수는 어떻게 보상을 받아야 하는 것인지 모르겠습니다.

이런 경우에 아들은 어떤 재활 프로그램을 받을 수 있는지요?

이렇게 아들은 제대하기까지 눈치 보면서 의무소대에 있다가 환자가 많으면 쫓겨나곤 해야 하는 그런 과정을 언제까지 겪으면서 살아야 하나요?(수술을 받고 복귀한 이래 현재까지는 의무소대에서 지냈다고 합니다만, 재활을 받을 수 없는 상황에서 너무 불안합니다.)

이렇게 오른손의 재주를 가지고 살던 아들을 장애자로 만든 데에 대해 어떻게 보상을 요구해야 하는지요?

위와 같이 국방부에 민원을 넣었지만 이렇다 저렇다 조언도 해결책도 들을 수 없었다. 다만 복귀하는 날까지 의무소대에서 지내게 해준 것이 전부였다. 그것이 최대의 배려였던 것이었다. 어느 누구도 내게 미안하다고 사과해 주지 않았고, 모두 개인이 감내해야 하는 것이었다. 내게는 청천벽력과도 같은 이런 일이 그들에게는 아무렇지도 않은 건수에 불과한 것이었다.

그래서일까? 군대에 가면 절대로 다치지 않게 요령껏 사는 수밖에 없는 것이다. 선임들이 때리면 맞아주고, 그렇게 인간이기를 포기한 채 22개월을 지내고 오면 그만인 것이다. 그러한 진실을 우리 아들이 다쳐서 나왔을 때에서야 비로소 알게 되었다.

너무나 가슴이 아파서 상심해 있는 나에게 아들은 왼손을 사용할 수 있다는 것을 보여주었다. 왼손으로 글씨도 쓰고, 밥도 먹고, 젓가락질을 잘하는 모습을 보이면서 조만간 왼손으로 그림도 잘 그릴 테니 걱정하지 말라고 했다.

아들은 그 손으로 4학년에 복학해 졸업작품 시안발표도 끝냈고, 졸업작품 전시회를 남겨두고 있다고 했다. 만화가 아닌 애니메이션을 전공으로 공부하기 때문에 딱히 그림을 오른손으로 그려야 하는 것은 아니어서 다행이었지만, 그래도 애니메이션 회사에서는 오른손으로 세심한 그림을 그릴 수 없는 사람을 기피하곤 해서 아들에게는 치명적인 흠이었다.

지금까지 일본의 애니메이션 회사에 취직하려고 열아홉 번이나 이력서를 제출했는데, 최종면접까지 가서는 떨어지곤 했다. 그 소식을 들을 때마다 혹시나 손 때문에 그런 것일까 하는 마음에 얼마나 속상한지 모른다.

세상의 모든 아이들은 밤하늘의 별들처럼 각자의 빛과 모양대로 빛난다. 하지만 아직도 우리나라의 학교들 중 상당수는 아이들을 획일적으로 대하는 것만 같아서 안타깝기만 하다. 남자 아이들이 어른이 되기 위해 꼭 거쳐야만 하는 학교 아닌 학교라는 군대, 군대는 아이들의 재능을 왜 눈여겨보지 못하는 것일까? 그림에 재능이 있는 우리 아이를 80밀리미터 박격포부대에 꼭 배치했어야 했을까? 왜 저렇게 오른손을 못 쓰도록 방치했어야 했는가? 조금만 더 배려해 주었다면……. 아니, 다치고 나서 제대로 수술을 받기까지 10개월의 세월을 허비하지 않았다면 저렇게는 되지 않았을 텐데……. 다친 아이가 수술하는 데, 뭐가 그리 절차가 복잡해서 결국 저렇게 장애로 만들어 놓고는 나 몰라라 하는 것인지…….

일본에 아들을 복학시켜 놓고는 하루도 마음 편하게 잠을 이루지 못했다. 가슴 아파 우는 엄마에게 어느 날 아들은 다음과 같은 이메일을 보내왔다.

엄마 항상 용기 줘서 고마워. 하지만 나는 걱정하지 마. 어떤 결과가 나와도 모두 하나님의 뜻이라고 생각하면서 감사하고 있어. 힘들수록 부정적인 생각만 하지 말고 엄마도 힘내. 나는 괜찮아. 나는 날마다 다음과 같이 되뇌면서 작업을 해.

'그래도 난 살아 있어 감사합니다.'
'그래도 그림을 그릴 수 있어 감사합니다.'
'그래도 지금 작품을 잘해내고 있어 감사합니다.'

날마다 하루에 감사한 일을 20가지 정도씩 생각하면서 5분간 눈을 감고 행복한 미래를 상상하면서 웃으면 마음이 좀 편해져. 나도 불안감 때문에 무섭고 두려울 때가 있거든. 그런데, 부정적인 생각은 진짜로 안 좋은 일을 끌어들인대. 아침에 일어나면 '오늘은 무슨 좋은 일이 있을까? 감사합니다' 하며 억지로라도 하루를 기대하며 긍정적인 에너지를 만들려고 노력하면서 살고 있어.

　안 좋은 일이 닥쳐도 '그래도 감사 합니다' 하고 웃어주려고 해. 팔자타령을 하는 것보다 훨씬 효과가 있는 것 같아. 나는 분명 내일엔 행복할 거야.

　엄마에게 항상 고맙게 생각하고 있어.

　엄마, 고마워. 그리고 사랑해.

　아들이 가끔 보내주는 편지는 날마다 나를 울린다. 정말 아들의 마음은 괜찮을까? 엄마를 위해 애써 긍정적인 이야기를 해주는 것일까? 어떤 어려움 속에서도 긍정적인 요소를 찾아내고 진심으로 웃어줄 줄 아는 아들의 모습을 보며, 아무것도 아닌 성적 하나를 올려보겠다고 내 아이를 힘들게 했던 지난날의 내가 더욱 부끄럽게 느껴졌다. 어떤 경우에도 오히려 엄마를 위로해 주는 내 아들이 어떤 잘나고 똑똑하고 멋진 다른 아이들보다도 자랑스럽다.

　나는 오늘도 인천상륙작전으로 유명한 맥아더 장군이 남긴 자녀를 위한 기도를 생각해 본다. 맥아더 장군처럼 나도 내 아들을 위해 기도해 본다.

　저의 자식을 이러한 인간이 되게 하소서.

　약할 때 자기를 잘 분별할 수 있는 힘과 두려울 때

자신을 잃지 않을 용기를 가지고 정직한 패배에
부끄러워하지 않고 태연하며,
승리에 겸손하고 온유할 수 있는 사람이 되게 하소서.
그를 요행과 안락의 길로 인도하지 마시고 곤란과
고통의 길에서 항거할 줄 알게 하시고,
폭풍우 속에서도 일어설 줄 알며 패한 자를
불쌍히 여길 줄 알도록 해주소서.
그의 마음은 깨끗이 하고, 목표(目標)는 높게 하시고,
남을 다스리기 전에 자신을 다스리게 하시며,
미래를 지향하는 동시에 과거를 잊지 않게 하소서.
그 위에 유머를 알게 하시어, 인생을 엄숙히 살아가면서도
삶을 즐길 줄 아는 마음과 자기 자신을 너무 드러내지 않고
겸손한 마음을 갖게 하소서.
그리고 참으로 위대한 것은 소박한 데에 있다는 것과
참된 힘은 너그러움에 있다는 것을 항상 명심하도록 하소서.
그리하여 그의 아비인 저는, 헛된 인생을 살지 않았노라고
나직이 속삭이게 하소서.

## 고맙고 미안하고 사랑한다

나는 왜 내 아이에게 내가 만들어놓은 길을 걷도록 하고 싶었을까? 그것은 아마도 아이에게 찾아올 실패를 두려워했기 때문일 것이다. 아이보다 내가 더 많이 산 어른이라고 생각해서 내 아이에게는 지름길을 걷게 하고 싶었던 것 같다. 내가 가라는 길로만 가준다면 아이가 실패 없이 쉽게 성공할 수 있으리라 착각하면서 그렇게 그 길로 인도하고 싶어 했다. 아이를 내 소유물로 여기고, 내가 설계한 길로만 가도록 하고 싶었던 것이다.

나처럼 아이를 여기저기 학원으로 끌고 다니면서 그 아이의 24시간을 통제하는 분이 계시다면, 다시 한 번 말해 주고 싶다. 당신의 잘못된 착각으로 아이에게 씻을 수 없는 상처를 줄 수 있다는 것을.

부모라는 이름으로 아이가 선택하는 것에 대해 섣불리 결과를 예측해서는 안 될 것이다. '그건 안 돼. 내가 오래 살아본 사람으로서 이야기하는 거야. 그건 위험하다니까……'라고 하며 아이를 두려움에 떨게 만들면, 결국 아이는 자기 자신을 신뢰하지 못하고 말 것이다.

인간은 실패를 겪은 후에 더욱 성장할 수 있다. 공부든 일이든 실패의 경험을 통해 자신감을 얻을 수 있고, 그렇게 생겨난 자신감은 값진 보물이 될 것이다. 나는 아직도 가끔은 엄마라는 이름으로 소위 내 아이를 위해서라고 변명을 하면서 지속적으로 내 아이의 인생에 참견하려는 나 자신을 발견하고는 한다. 그럴 때마다 이내 마음을 다잡는다. 아이가 스스로 선택한 것에 실패하고 상처를 입는다 해도, 아이의 선택을 존중해 주자고…….

물론 아이 혼자 실패하고 쓰러지고 넘어지는 과정을 옆에서 지켜보는 엄마의 마음은 많이 아플 것이다. 하지만 이제 아이가 하는 일마다 참견하는 대신 격려의 말을 건네주자. 자신만의 경험을 통해 어려움을 극복하고 온전히 자신의 인생을 바르게 걸어갈 수 있도록 하자. 아이가 우리에게 도움을 요청하기 전까지는 어떠한 도움도 주지 말고 기다려보자. 실패의 아픔을 겸허히 받아들여 본 사람에게만 행복을 누릴 수 있는 권리가 있을 테니까…….

지금 우리 아이는 대학 졸업을 몇 달 앞두고 졸업작품 전시회를 준비하고 있다. 나는 취업을 준비하느라 바쁜 내 아이에게 응원을 보낼 뿐이다. 어떤 직장을 선택할지, 내 아이의 선택을 나는 믿는다. 일본의 여러 애니메이션 회사에 최종면접까지 갔다가 아쉽게 떨어지게 된 우리 아이, 여러 번의 실패를 경험한 아이는 절대로 기죽지 않고 다음에 도전할 회사를 찾고 있다며 내게 걱정하지 말라고 말해 준다. 나는 그런 내 아들이 자랑스럽다. 자신이 좋아하는 것을 공부하게 해줘서 고맙다고 하며 항상 감사할 줄 아는 내 아들, 이제 나는 내 아들이 좋은 직장에 취업해 성공해 주기만을 바라지 않는다. 그저 자신이 좋아하는 일에 종사하면서 이 힘한 세상에서 행복하게 살아주기를 바랄 뿐이다.

그리고 엄마의 소중한 아들로 태어나서 이제껏 잘 살아준 것에 감사한다.

"아들아, 나는 너로 인하여 오늘도 충분히 행복한 엄마란다. 네가 어떤 길을 선택하든 상관없단다. 내 아들이라는 것 자체만으로도 충분히 사랑스러운 아들……. 아들아, 고맙고 미안하다. 그리고 사랑한다."

## Part 5

# 교사와 학부모를 위한 행복한 교육법

# 융합인재 교육을 위해

교사가 아이들에게 하나의 개념을 가르치려고 할 때, 가장 중요하게 생각하고 고심하는 부분은 무엇일까? 대부분의 교사들은 아이들이 눈을 동그랗게 뜨고 자신을 바라볼 수 있도록 하는, 아이들이 공부하도록 만드는 방법에 대해 생각한다. 아이들이 공부에 관심을 갖게 하는 것, 그것은 모든 엄마들의 바람이기도 하다.

이 책의 마지막인 이 장에서는 내가 학생들과 함께하기도 하고 교사들 직무연수에서 강의하고 있는 내용들을 엄마들의 눈높이에 맞게 소개해 보려 한다. 내용이 다소 어렵더라도, 보다 전문적인 교육 방법론을 알아보고자 하는 분들에게 큰 도움이 될 것이다.

얼마 전부터 새로운 교육의 한 동향으로 STEAM이 각광받고 있다. STEAM은 '과학(science), 기술(technology), 공학(engineering), 예술(art), 수학(mathematics)'의 첫 자를 따서 만든 새로운 용어이다. STEAM은 미국에서 발표한 'STEM'에 'Art'를 추가해 'STEAM'으로 발전된 개념을 우리나라에 도입한 것으로, 통합교육의 한 가지 방법인 것이다. 즉, 창의적인 과학교육을 위해 과학·기술·공학 및 예술과 수학이 융합한 형태의 교육을 실행하고, 이를 통해 21세기 융합시대에 적합한 창의성과 글로벌 경쟁력을 갖춘 융합인재를 양성하겠다는 의미이다.

'STEAM' 교육은 학교의 과학교육이 최근의 사회 트렌드를 따라가지 못해 학생들의 흥미를 끌지 못하게 되었다는 반성에서 시작되었다. 얼마 전부터 스마트폰이 등장하면서 '융합'이라는 현상에 전 세계가 주목하고 있다. 휴대전화와 컴퓨터가 융합한 스마트폰이 세계를 빠르게 변화시키고 있기 때문이다. 세계 각국은 '융합적 사고'를 지닌 '융합형 인재'를 키우기 위해 역량을 집중시키고 있으며, 특히 교육 분야에서 그 움직임이 두드러져 'STEAM' 교육이 탄생하게 된 것이다.

'융합형 인간'은 '호모 컨버전스'라고도 한다. 현대사회의 대표적인 융합형 인재는 애플의 CEO였던 스티브 잡스이다. 그는 '내 상상력의 원천은 학교에서 배운 IT기술과 인문학의 결합'이라고 말했다. 이제 우리 사회에서도 스티브 잡스처럼 인문학과 자연과학, 예술 등학문의 경계를 자유롭게 넘나드는 융합형 인재를 원하게 되었다. 복잡한 문제를 꿰뚫어볼 수 있는 통찰력, 새로운 시각에서 혁신적으로 과제를 해결할 수 있는 창의적 인재가 인정받게 된 것이다. 융합형 인재만이 기존 질서와 틀로는 극복할 수 없는 21세기의 다양한 문제들을 해결할 수 있다. 미래에는 기상이변과 사회변동의 폭이 갈수록 기존의 궤도를 크게 벗어날 것이 분명하므로, 이에 대응할 수 있는 창의적인 융합형 인재가 반드시 필요하게 되었고, 'STEAM' 교육 역시 더욱 중요해질 것이다.

지금 내가 근무하고 있는 계촌중학교는 전교생이 21명인 작은 학교이다. 교장을 포함해 교사가 9명밖에 안 되며, 사방이 산으로 둘러싸여 있는 외진 곳에 있어서 농어촌 벽지로 불리는 학교이며, 아이들은 사교육을 전혀 받지 못하고 있다. 그런데 이러한 환경이 이 학교의 가장 큰 장점이라고 생각한다. 사교육이 전혀 없기 때문에 공교육의 신뢰도가 높을 수밖에 없고, 교사로서 의지를 가지고 아이들과 함께한다면 얼마든지 최대의 효과를 높일 수 있기 때문이다.

나는 방과 후에 아이들과 무엇인가를 하고 싶었는데, 내가 잘할 수 있는 것은 과학 활동밖에 없기 때문에 2010년 3월에 이 학교에 부임하면서 많은 고민을 했었다. 하루 종일 수업을 하고 나서 다시 과학수업을 하게 할 수는 없었다. 왜냐하면, 아이들 중에는 과학뿐만 아니라 다른 교과를 더 좋아하는 아이도 있을 것이기 때문이었다. 그렇다고 과학에 관심 있는 아이들만 데리고 활동한다면 방과 후에 일찍 집에 가는 아이들에 대한 또 다른 조치가 있어야 할 것이고, 또한 학부모들에게 항의를 받을 수 있는 소지가 다분히 있다고 여겨졌다. 그래서 선택한 교육방법이 바로 STEAM 교육이었다.

이 교육방법은 농촌의 낙후된 교육환경에서는 꼭 필요한 것이었다. 면단위의 농촌 아이들은 학교 수업 외에 학원 수업 등을 받기가 힘들다. 2012년 3월부터 주5일 수업제가 시행되자 아이들은 토요일에 아무런 교육도 받을 수 없게 되었다. 그래서 과학에 흥미가 없거나 과학을 잘 못하는 아이들에게 유익한 교육을 하고 싶었다. 하나의 주제로 펼쳐지는 4시간 과정의 STEAM 교육을 통해 차츰 과학에 흥미를 느끼게 하고, 또 성취감도 맛보게 하고 싶었기 때문이었다. 물론 융합인재 교육의 목표는 모든 학생을 영재로 육성해 보자는 것이지만, 일단 아이들로 하여금 과학에 대한 흥미를 일깨우자는 의도로 시작한 것이었기 때문에 그 정도로만 목표를 잡았다.

예를 들면, 과학(science) 개념으로 이온화반응과 앙금반응을 배웠다면, 알짜이온반응식을 완성하는 개념을 통해 간단한 수학(mathematics)을 배울 수 있다. 그 다음으로 수학과 과학의 개념을 이용해 폐수 속의 중금속을 확인해 보는 실험을 설계해 보는 공학(engineering) 활동을 할 수 있다. 마지막으로 앙금반응을 이용해 물감을 만들어보는 기술(technology) 활동을 한 후, 만든 물감으로 예쁜 책갈피를 만들도록 하는 예술(art) 활동을 하는 것이다.(이 수업 광경은 강원교육과학정보원에서 비디오로 촬영해 교사들에게 우수 수업 모델로 소개하고 있는데, 강원교육과학정보원 홈페이지 자료실에 공개되어 있다.)

이러한 활동을 학년별 및 수준별로 번갈아가면서 모든 학년의 아이들을 데리고 계속했다. 그러자 처음에는 과학을 어려워하던 아이들도 점차 재미를 느끼기 시작했다. 결국 아이들은 과학 활동을 하면 반드시 하나의 예술작품을 만들어낼 수 있어서, 자신들이 만든 작품들을 보면서 기뻐하고 좋아했다. 토요일의 이런 활동이 재미있었는지, 아이들은 가정에 무슨 일이 있어도 토요 과학반 활동을 하기 위해 토요일 아침이면 학교에 왔다. 우리 아이들은 학교에 오는 것을 참으로 좋아한다. 학교가 그들의 놀이터이기 때문이다. 그 결과 중학교 3학년 학업성취도 평가에서 과학 교과는 6명 중에서 '우수'를 받은 학생이 4명이었고, 나머지 2명도 나쁘지 않은 성적을 받았다.

지금은 전교생이 토요일 방과 후 활동으로 오전에 4시간씩 STEAM 교육 프로그램에 참여하고 있다. 동아리 형식으로 운영되는 이 활동을 한 후 아이들의 작품 중에서 우수한 작품은 꼭 전시를 해주고, 학부모님들을 초청해 그 작품들을 보여드린다. 그러면서 아이들마다 어떤 특성이 있는지도 이야기를 해준다.

그런데 성적이 좋다고 해서 작품의 창의성이 좋은 것은 아니다. 신기하게도 아이들이 저마다 지닌 능력들은 정말 다양하다. 평소에는 말이 없고 늘 고개를 떨어뜨리고 있는 아이도 이 활동에서만큼은 뛰어난 창의성을 발휘하기도 한다. 이렇게 아이들에게 공부에 대한 흥미와 자신감을 심어주면, 깜짝 놀랄 만한 변화가 일어나는 것이다.

현재 계촌중학교 전교생 21명은 모두 토요일 오전에 방과 후 활동을 하고 있다. 그 결과, 평창에서 제일 작은 이 학교는 과학 분야에서 단연 최고의 학교가 되었다. 과학실험대회, 과학발명품대회, 과학동아리대회, 창의력경진대회, 과학전람회 등에서 우수한 실적을 거두었다. 2010년에는 강원도과학동아리발표대회에서 우수상, 2011년도와 2012년도 모두 최우수상을 수상했으며, 2011년도에

● 토요일 방과 후 수업으로 STEAM 교육 활동을 한 후 우수작품을 전시한 모습.

는 전국대회에서 은상을 수상하기도 했다. 내가 학생들과 함께 이런 실적을 올릴 수 있었던 것은 교장선생님의 적극적인 지원 덕분이다. 교사가 무엇을 하고자 할 때 항상 격려해 주고 도와주는 관리자의 도움 없이 교사는 교육현장에서 무엇 하나 제대로 이루기가 힘들다.

이제 우리 학교 아이들은 작은 학교에 다닌다고 해서, 시골학교 학생이라고 해서 결코 기죽지 않는다. 학원에 다니지 않아도 고액과외를 받지 않아도 자신들이 최고라고 생각하니까……. 계촌중학교에 다닌다는 것만으로도 우리 아이들은 자부심을 가지게 되었다.

학교에 오는 것이 행복하다고 하는 아이들은 매일 아침 7시 10분이면 학교로 와서 재잘재잘 떠들며 논다. 버스가 하루에 두 번밖에는 안 다니고 이른 아침에 첫 번째 차가 있기 때문에 7시 10분이면 학교에 도착하기 때문이다. 꼭 도시에 살지 않아도 좋다. 시골학교에서 과학 동아리 활동을 하면서 중학생 시절에 마음껏 뛰어놀며 행복하게 지냈던 시간이 이들에게는 소중한 추억이 될 것이다.

## 꼬리에 꼬리를 무는 유의미 학습

스위스의 심리학자 장 피아제(Jean Piaget)는 인간이 태어나서 어른이 되기까지 거치는 주요발달 단계를 4단계로 보았다. 피아제가 이야기하는 인지발달의 4단계는 감각 동작기, 전조작기, 구체적 조작기, 형식적 조작기를 말한다. 그리고 이들 단계가 발달하는 과정에서는 성숙(유전에 의해 결정되는 신체적 성숙), 경험(주변 환경의 물리적 논리 및 수학적 경험), 사회적 상호작용, 평형화 과정의 영향을 받는다.

인간의 행동에는 심리학적인 기본 단위(스키마)와 과정이 있으며, 이 기본 단위인 스키마를 발달시키는 과정은 동화와 조절이다. 이 동화와 조절 과정은 평형화 과정이라고 하는데, 인간의 인지구조는 동화와 조절이라는 상호 보완적이고 동시적인 과정에 의해 질적으로 보다 상위의 형태로 변화해 가는 것이다.

피아제의 인지발달 이론은 교사와 학부모에게 많은 시사점을 준다. 그 이론에 의하면, 성인이 되더라도 사고력이 떨어지는 사람들이 나타날 수 있다. 인간은 신체적인 성장과정과 내적인 성장과정이 일치되지 않는 경우가 많은데, 아이들의 경우에도 그러한 현상을 엿볼 수 있다. 이러한 아이들은 우리가 흔히 말하는 '둔재'에 해당하는 것이다. 따라서 아이들이 다양한 상황에 적응할 수 있도록, 유연한 사고력을 소유할 수 있도록 도와주어야 한다.

그렇다면 인지발달의 지체를 막아주기 위해 아이들에게 어떤 학습환경을 제공해야 할까? 과학을 예로 들어보자. 탐구학습에서 학습의 주체는 학생 자신이다. 탐구학습은 주로 실험실에서 학생 자신이 문제를 인식하고 실험 설계, 관찰, 가설 설정, 자료 분석, 추론 등의 과정에 따른 실험에 의해 이루어진다. 그 과정의 주체로서 학생들은 그 과정에서 많은 동화와 조절 작용, 즉 평형화 과정을 경험한다. 따라서 강의 위주의 주입식교육보다 아이들로 하여금 동화와 조절을 하도록 갈등을 유발할 수 있는 탐구수업 전략이 필요하다.

둘째로, 탐구학습은 실제로 기구와 물체를 다루며 구체적인 경험을 하게 되므로 형식적 조작기에 이르지 못한 아이들에게도 큰 도움이 된다. 실험 설계, 가설 설정, 자료 분석, 추론, 그리고 결론 도출 등의 탐구활동을 통해 형식적 조작기로 발전할 수 있는 것이다.

셋째로, 탐구학습은 이를 통해 학습 동기를 유발시키고, 성취 후에 느끼는 만족감으로 강의식수업에서 느낄 수 없는 심리적인 보상을 받을 수 있으며 궁극적으로 바람직한 학습태도를 형성할 수도 있다.

그러므로 피아제의 이론에 의하면 학생들의 학습효과는 학생들의 사고발달 단계에 따라 교사가 아무리 열심히 수업 전략을 짜고 수업을 한다고 해도 받아들일 수 있는 개념이 한정되어 있다. 그러므로 교사는 학습자에게 단순히 개념을 가르치는 것보다 학생들의 사고를 발달시키기 위해 노력해야 할 것이다. 이에 반해 오스벨(D. Ausubel)의 유의미 학습 이론은 교사의 입장에서 보면 교수학습 전략에 있어 희망을 주는 이론으로 여겨진다.

미국의 심리학자 오스벨은 '학생에게 가장 영향을 끼치는 것은 학생이 이미 알고 있는 것이다'라고 하면서, 새로 학습할 내용이 학생의 인지구조 속에 존재하는 기존의 개념과 연결됨으로써 '유의미 학습'이 일어난다고 주장했다. 유의미 학습이 일어나기 위해서는 아이의 인지구조 내에 존재하는 기존의 개념과 새로운 지식을 연계시켜 올바른 지식으로 정착시켜야 한다. 유의미 학습이 아이가 갖고 있던 기존의 지식에 새로운 지식을 연결시킬 때 일어나는 것이라면, 아이가 갖고 있는 기존의 개념들을 모두 무시한 채 새로운 지식만 주입시키려 한다면 '기계적 학습'이 되는 것이다.

아이들은 학교수업을 받기 이전에 자연 혹은 생활 속에서 경험을 통해 수업할 내용과 관련된 많은 사전 지식을 갖고 있다. 이 사전 지식을 선개념이라고도 부르는데, 이 사전 지식이 틀린 개념인 경우가 의외로 많다. 하지만 이때 아이들의 잘못만을 지적하고 꾸짖어서는 안 된다. 아이가 이미 지니고 있는 선개념을 잘 이용하여 가르쳐야 한다.

다시 말하자면, 아이가 수업 전에 알고 있던 선개념을 새로운 학습 개념과 관련시키는 것이 중요하다. 예를 들어, 새로운 학습 개념인 화학평형을 설명한다고 치자. 간단하게 두 아이가 재미있게 시소를 타고 있는 장면을 먼저 소개하고, 시소의 놀이방법에 대해 아이와 함께 토론해 본다. 대부분의 아이들이 시소를 한 번쯤은 타보았으므로 아래로 내려간 아이가 위로 올라오고, 위에 있던 아이가 아래로 내려간다는 것은 이미 알고 있다. 그리고 서로의 무게가 평형을 이루면 시소가 어떻게 되는지도 알고 있을 것이다. 그런데 화학평행에서 평형의 개념은 아이가 이미 알고 있는 균형의 개념과 다르다. 바로 이 차이를 아이에게 설명해 주면 화학평형의 개념을 보다 정확히 이해할 수 있는 것이다.

오스벨은 학교에서 가르치는 학습 내용들에는 상호 연계성이 있기 때문에, 먼저 학습된 지식들은 다음에 배울 지식들을 끌어들인다고 했다. 이와 같이 새로운 지식을 학습할 때 아이가 이미 알고 있는 것과 연관 지어 학습하게 되면 유의미한 학습이 일어난다. 반면에 아이의 선행 지식을 무시하고 맹목적인 암기를 시키게 되면 기계적 학습이 일어난다는 것이다.

  오스벨의 유의미 학습 이론에 의하면, 학습 효과를 높이기 위해서는 아이의 인지구조에 맞춰 학습과제를 내주는 것이 필수적이다. 그리고 새로운 학습과제와 아이가 기존에 갖고 있던 개념을 연계시키기 위해, 포괄적인 자료를 학습에 앞서 제시하면 학습의 효과를 높일 수 있을 것이다. 이때 적절한 실례와 비유, 아울러 아이가 이미 잘 알고 있는 개념과 용어 등을 이용하는 것이 좋다.

  피아제의 발달인지 심리학을 통한 탐구학습이든, 오스벨의 유의미 학습 이론을 통한 개념학습이든, 아이를 가르치기 위해서는 아이가 갖고 있는 '선개념'을 잘 알고 있어야만 보다 훌륭한 수업을 이끌 수 있다.

# 창의성은 어떻게 길러지는가?

지능의 초기 연구자들은 창의성을 지능의 일부로 포함시켰다. 그들은 '창의성은 어떤 것을 자기 나름대로 새롭게 시도하고, 흔히 보는 것이 아닌 특이한 것을 내놓는 데 동원되는 지적인 과정이다'라고 밝힌 바 있다.

그렇다면 지능지수와 학업성적은 상관있을까? 지능이 높을수록 창의성의 범위가 넓어지고 지능이 낮으면 창의성의 범위도 좁아진다. 그런데, 의외로 많은 사람이 지능지수는 낮으면서도 학업성적은 높은 경우가 있는가 하면, 유명한 발명가와 작곡가, 화가들 중 상당수는 지능지수가 낮은 경우도 있다. 따라서 지능은 창의성의 필요조건이 될 수 있지만 충분조건은 될 수 없다. 즉, 창의성이란 개인이 가진 지능을 얼마나 잘 이용할 수 있도록 이끌어내느냐에 달려 있는 것이다.

창의적 사고는 다음의 5가지 기본 특성을 가지고 있다.

1. 창의적 사고의 특성은 유창성(fluency), 융통성(flexibility) 및 독창성(originality)이다. 창의적 사고는 일정한 시간 안에 아이디어를 가능한 한 많이(유창성), 어느 한 가지의 기준에만 얽매이지 않고(융통성) 제시하되, 그 아이디어가 새롭고 독창적인(originality) 것이어야 한다.

2. 창의적 사고는 창의적 행동의 필요조건이다. 창의성이 외적 결과라면 이 겉으로 나타난 창의성(창의적 행동)의 이면에는 창의적 사고가 있다. 즉, 창의적인 사고 없이 창의적인 행동이 나타나기는 어렵다.

3. 보통의 아이들에게는 자신이 가진 창의적인 잠재력을 키워갈 수 있는 힘이 있다. 창의적 사고는 어느 특정한 소수에게만 가능한 것이 아니다. 누구든지 자신의 노력으로 자신이 가진 창의적 잠재력을 키워갈 수 있다.

4. 창의적 행동은 기존 지식을 강조하는 수업 분위기에서는 나타나기 힘들다. 창의적 사고는 새로운 문제에 대한 자유로운 해결 노력에 의해 나타난다. 아이의 자유로운 사고를 저해하고 문제를 수렴적으로만 보게 하는 분위기는 창의성을 저해하게 되므로, 창의성을 마음껏 발산할 수 있는 시간과 공간이 필요하다.

5. 창의적 사고를 가능케 하는 기술은 잘 조직된 자료를 통해서도 가르칠 수 있다.

그러면 아이들은 어떤 분위기에서 창의적 사고를 할 수 있을까? 창의적 사고는 아이들에게 문제해결 과정에서 열심히 노력하되 만약 틀리더라도 괜찮다는 생각을 갖고 새롭고 특이한 아이디어를 실행해 볼 수 있도록 자극을 주어야 길러질 수 있다. 이러한 분위기에서는 새로운 생각을 창안해내고 창의적으로 문제를 해결하는 데 요구되는 시간과 노력이 아무리 많이 들더라도, 이를 즐거운 경험으로 받아들일 수 있을 것이다.

창의적 사고를 계발시켜 줄 수 있는 분위기를 만드는 방법은 다음과 같다.

● 다른 학교 교사들 앞에서 발표하고 있는 내 모습.

1 생각할 여유가 있어야 한다. 혁신적이고 창의적인 아이디어는 시간적으로 너무 쫓기게 되면 나올 수 없다. 대개의 창의적 아이디어는 '숙고의 기간' 또는 '여유를 가진' 후에 나온다. 초조함은 창의력을 발휘하는 데는 금물인 것이다.

2 특이하고 색다른 아이디어가 때로는 가치 있는 발명일 수 있음을 인정해 주어야 한다. 비행기나 자동차에 대한 아이디어를 처음으로 생각해낸 사람들은 '정신 나간 사람'으로 취급받았으나 이 아이디어에 기초하여 지금은 매우 쓸모 있는 것이 되었음을 인지시킨다.

3 우리의 생활 곳곳에서 창의적 활동이 이루어질 수 있음을 알도록 해주어야 한다.

4 아이들이 평소에 그러려니 하고 받아들이는 설명이나 개념 중에서도 결함과 모순이 있음을 알게 해주어야 한다. 이는 우리가 알고 있는 지식은 계속 수정될 수 있음을 알게 해주고, 이 수정의 주체가 바로 아이들 자신이라는 점을 강조해야 하는 것이다.

5 창의적 활동의 환경은 수용적인 환경이며 열린 공간이어야 한다.

21세기는 다양성과 창의성을 존중하는 시대이다. 오로지 한 가지의 표준만을 절대적으로 옳은 것으로 가르치는 것은 매우 위험하다. 합리적 문제해결력, 비판적 사고력, 탐구력 등 결과로서의 지식보다는 바르게 생각하는 힘이 점점 더 중요해진 시대에서 아이들 개인의 생각을 존중해야 한다.

아이의 창의력을 신장시키기 위한 활동에서의 주역은 역시 교사(또는 학부모)와 아이이다. 여기서 교사와 아이는 그 각자가 이행해야 할 중요한 역할을 갖게 된다. 이 둘 모두가 각자의 역할에 얼마나 충실했느냐에 따라 결과는 달라질 것이다.

우선, 교사는 아이가 자연현상과의 물리적인 접촉을 통해 지닐 수 있는 경험들, 시청각 교재, 사례 제시 등 어떤 문제를 제기하여 아이로 하여금 동기유발을 일으키고, 아이가 문제를 접하게 되었을 경우 아이와 동등한 입장에서 함께 연구하는 동료로서 흥미를 강화시켜 주어야 할 것이다.

또한 창의적인 탐구 활동에 능동적으로 가담하는 아이에게 심리적으로 끊임없이 보상해 주어야 한다. 늘 여유를 갖고 기다려주며 아이가 흥미를 가지고 열정적으로 활동해 갈 수 있는 에너지를 줄 수 있어야 할 것이다.

# 갈수록 중요해지는 과학논술 지도법

논술은 학문적인 의사소통을 위한 글쓰기이다. 대학생이 되면 학문의 연구결과를 발표하는 논문 등을 써야 해서, 논술은 필수적으로 요구되는 능력이 되었다. 또, 주요 대학에서는 대입 논술로 신입생을 선발하고 있다. 한편, 과학고에서는 입학 때부터 졸업할 때까지 과학논술을 많이 쓰기도 한다. 그래서 논술에 대한 관심이 높다.

그렇다면 어떻게 해야 논술을 잘할 수 있을까? 논술을 잘하기 위해서는 다음과 같은 세 가지 능력을 필요로 한다. 첫째로, 논리적으로 일관성 있게 체계적으로 보편타당한 근거를 제시할 수 있는 능력이다. 그러기 위해서는 어떤 능력을 지녀야 논술을 잘할 수 있을지 생각해 봐야 할 것이다. 두 번째로, 다른 사람의 글이나 말을 이해하고 분석할 수 있는 능력이 필요하다. 적절한 자료를 발췌하기 위해서는 반드시 다른 사람의 말을 바르게 잘 이해해야 한다. 세 번째로, 자신이 내세운 주장의 근거를 제시해 다른 사람을 설득하거나 이해시키는 능력이 필요하다.

위의 세 가지 능력은 사실 과학도들에게는 가장 부족할 수 있는 능력이다. 주장의 근거를 제시하면서 바르게 이야기하고 설득할 수 있는 능력이 있어야만 자기가 실험한 논문을 사람들에게 일반화시켜서 제시할 수 있는데, 이것이 부족하기 때문에 실험을 충분히 해 놓고도 제대로 논문을 못 써서 세상에 내놓지 못하는 경우가 상당히 많다.

과학논술은 자신이 세운 실험가설의 타당성을 과학의 이론, 법칙 등에 근거해 논리적·체계적으로 증명해 나가는 글이다. 과학논술을 통해 연구의 업적이 기록되며 과학의 지속적인 발전을 이룩해 나갈 수 있다. 과학연구를 열심히 해서 새로운 사실을 발견하게 되더라도 논술능력이 부족하면 지속적으로 새로이 발견한 사실을 발전시킬 수 없을 것이다.

우리 모두는 과학논술에 대해 두 가지 오해를 하고 있다. 첫 번째 오해는 '논술도 글쓰기이므로 글쓰기에 재능이 있어야 한다'는 것이다. 실질적으로 글에는 크게 두 가지가 있다. 재미나 감동을 줄 수 있는 글(Impress)이 있고, 효과적인 의사전달을 할 수 있는 글

(Express)이 있다. 재미나 감동을 주는 글은 문학적 요소가 있는 것이고, 문학적으로 사용된다. 반면에 효과적인 의사전달을 위한 글은 사무적이며, 생각을 전달하기 위해 사용된다. 문학적인 글을 쓰기 위해서는 물론 재능이 있어야 한다. 하지만 효과적인 의사전달을 위한 글은 '어떠한 아이디어가 있느냐, 어떻게 전달하느냐'만 제대로 이해한다면 누구나 쓸 수 있다.

그렇다면 과학논술을 잘하기 위해서는 어떤 능력이 필요할까? 이것을 알아보기 전에 우선 논술과 과학논술의 차이를 살펴보자. 논술은 자기 견해의 타당성을 합리적이고 객관적인 근거를 제시해 논리적이고 체계적으로 증명하는 글이다. 그리고 과학논술은 이러한 글에 과학적인 내용이 포함되는 것만 다를 뿐이다. 자신의 가설을 과학적 이론과 실험적 사실 법칙들을 근거로 하여 논리적·체계적으로 증명하는 글이다.

논술을 잘하기 위해서는 문제해결 능력과 효과적인 의사전달 능력이 중점적으로 필요하다. 그리고 과학논술을 잘하기 위해서는 통합적인 과학지식과 창의력도 충분히 있어야 한다. 따라서 과학논술을 잘하려면 통합과학 지식과 창의력, 문제해결 능력 그리고 효과적인 의사전달 능력이 필요한 것이다.

과학논술에 대한 두 번째 오해는, '논술을 잘하기 위해 많은 책을 읽어야만 한다'는 것이다. 이런 착각을 하는 사람들은 흔히 '교과 공부를 하는 것만으로도 벅찬데, 책도 많이 읽어야 하니 걱정이네'라고 생각한다. 그러나 과학논술은 통합교과형 논술이다. 교과영역의 제한을 두지 않고 여러 과목을 종합적으로 아우르는 논술인 것이다. 과학논술을 잘하기 위해서는 많은 책을 읽는 것보다는, 과학교과 모두를 제대로 알고 아우를 수 있으면 된다.

과학논술은 자신이 연구한 바를 다른 사람에게 이해시키기 위해 쓰는 경우도 있고, 어떤 현상을 다른 사람에게 이해시키거나 설득하기 위해 쓰는 경우도 있다. 두 경우 모두 다른 사람에게 과학적인 현상이나 사물의 원리를 이해시켜야 하는 동일한 목적을 가지고 있다. 과학논술은 자신의 생각을 설득시키는 것이 아니라 특정 현상이나 사물의 원리를 설명해야 한다. 따라서 글을 읽는 사람의 감정에 호소하는 글이 되어서는 안 되고, 글을 읽는 사람이 이해하기 쉽도록 효과적이고 체계적인 방법을 사용해야 한다.

과학논술을 잘하는 아이로 만들기 위해서는 평소에 다음과 같은 3단계의 연습을 하도록 해야 한다.

**1단계** 교과 내의 개념을 자신의 언어로 서술해 정리하도록 문제를 제시해 준다.

> **[문제의 예]**
> ※ 다음의 내용을 용액 단원을 아직 배우지 못한 사람이 들어도 충분히 이해할 수 있도록 체계적으로 설명하시오.
> (1) 청동이나 공기가 소금물처럼 용액으로 분류되는 이유를 근거를 들어

설명하시오.

(2) 사람의 몸은 더운 여름철이나 추운 겨울철에 체온을 일정하게 유지하는데, 그 이유를 물의 성질과 관련하여 설명하시오.

이 단계는 과학 개념을 정확하게 이해하고 자신이 알고 있는 내용을 다른 사람에게 효과적이고 체계적으로 전달하는 훈련이 될 수 있다. 이것은 과학수업만 성실하게 듣고 이해한다면 쉽게 해결할 수 있는 능력이다.

**2단계** 사고력 향상을 위한 글쓰기 훈련을 유도한다. 예를 들면, 다음과 같은 생활 관련 문제를 제시해 주고 함께 생각해 보도록 하는 것은 어떨까?

◇ 진술문

친구들과 학교에서 간식으로 컵라면을 먹었다. 그런데 라면 국물이 많이 남아 이것을 어떻게 처리해야 할지 고민하고 있다. 라면 국물을 어떻게 처리했는가?

☞ 그렇게 한 이유를 쓰고, 자신의 행위가 왜 적절했는지를 논리적으로 서술하시오.

이것은 항상 어떤 행동을 하기 전에 내가 왜 이렇게 행동하는지를 먼저 생각하는 습관을 가진다면 평상시의 행동 습관으로 기를 수 있을 것이다.

**3단계** 실험활동 보고서를 서술하여 쓰도록 지도한다.

'왜 그런가?'를 따져보는 비판적 사고와 동일한 현상을 다른 시각으로 바라보는 창의적 사고는 과학논술뿐만 아니라 과학탐구에서도 매우 중요한 과정이다. 어떤 현상에 대한 탐구는 탐구할 문제에 대한 올바른 인식에서 출발한다. 무엇을 탐구해야 하며, 왜 탐구해야 하는지를 제대로 알지 못하면 탐구의 방향이 잘못될 가능성이 커진다. 그래서 실험활동 보고서 쓰기는 과학논술을 잘하기 위한 좋은 훈련 방법이 될 수 있다. 실험활동 보고서를 쓰면서 문제인식, 실험원리 및 가설설정, 실험설계 및 결과처리, 결론도출, 그리고 오차분석 및 논의의 과정을 거치는데, 이러한 과정은 과학논술을 연습하는 데 유용한 것이다.

> **[실험설계를 통한 과학논술 문항의 예]**
>
> **서울대 2008년 모의고사 문항**
>
> ※ 여러 회사에서 생산된 소화제의 효능을 비교하기 위해 실험을 하기로 하였다.
>
> 1. 어떠한 소화제를 좋은 소화제라고 할 수 있는지 과학적인 기준을 설명하시오.
> 2. 좋은 소화제를 선별하기 위한 실험을 설계하시오.

다음으로는 아이들에게 과제를 내주어 과학논술 훈련을 하도록 하는 방법이 있다.

**1단계 과제** 사물의 작동원리를 설명해 제출하도록 하는 과제를 제시한다.

아이에게 평소에 당연하게 받아들이거나 수식으로만 이해하던 내용을 글로 설명해 주면, 과학적 원리나 도구의 작동방식 등에 대해 보다 정확히 깨닫게 할 수 있다. 그러니 '물이 끓을 때의 현상', '유리컵이 땅으로 떨어질 때의 현상' 등 아이들이 알고 있거나 당연하게 생각해 심각하게 고민해 보지 않았던 현상 등을 글로 표현하도록 과제를 내주자. 자신이 알고 있는 내용을 다른 사람에게 효과적이며 체계적으로 전달하는 간단한 훈련이 될 수 있을 것이다.

**2단계 과제** 문제의식을 가지고 의심해 보며 생각을 서술해 보는 과제를 제시한다.

평소에 당연하게 받아들인 그 기능이나 원리, 현상에 대해 의심해 보고 그 문제점을 증명해 보기 위해 연구를 설계해 보도록 한다. 비판적인 사고와 함께 창의적인 사고력을 기를 수 있을 것이다. '염화수소와 암모니아의 기체 확산 실험에서 유리관을 수직으로 세우고 실험해도 동일한 결과를 얻을 수 있을까?', '바다는 왜 파랄까?' 등 당연하게 받아들이던 현상들에 대해 뒤집어서 생각해 보고 글로 표현해 보도록 하는 것이 좋다.

**3단계 과제** 신문의 과학기사를 이용한 기사노트를 만들도록 한다.

신문이나 잡지, 인터넷 등에서 수집한 과학기사를 이용한 글쓰기 훈련도 좋은 과학논술 지도 방안이 될 수 있다. 다음과 같은 양식을 만들어 아이에게 제공해 일주일에 한 편씩 제출하도록 하는 것도 좋을 것이다. 신문의 스크랩 양식은 다음과 같으면 된다.

| 과학 기사나 칼럼을 오려 붙이는 칸 |||
|---|---|---|
| 기사 스크랩 출처 || ○○신문 ○○년 ○○월 ○○일자 |
| 이 글의 핵심 주장(주제) |||
| 내용의 요약 |||
| 기사 관련 견해 | 알게 된 점 ||
| | 공감하는 점과 그 이유 ||
| | 공감하기 어려운 점과 그 이유 ||
| 나의 의견 |||

    과학고 학생들이 카이스트 등에 진학할 때는 토론 및 토의 능력이 중요한 평가기준이 된다. 기사를 스크랩하는 활동은 상당히 중요하다. 어떤 기사를 보고 그 글의 핵심주장이 무엇인지를 파악하고 그 내용을 요약할 수 있는 능력, 기사 관련 견해와 자신의 의견을 글로 쓰는 훈련이 필요하다. 평소에 자신의 생각을 정리하는 습관을 갖고 토론 및 토의를 한다면 입시에서도 좋은 평가를 받을 것이다.

    이해력과 과학논술 능력을 향상시키기 위해서는 무엇보다도 읽기 능력이 향상 되어야 하며, 다음과 같이 신문읽기 훈련의 네 가지 단계를 통해 '책읽기 능력'을 향상시킬 수 있다.

**단계 1** 기사를 읽으면서 문단별로 핵심어와 중심 문장 찾으면서 읽기 훈련을 시킨다.
－이유 : 읽기교육은 독해력 향상을 위해 반드시 필요한 훈련이다. 기사의 핵심어와

중심 문장을 찾는 훈련을 하게 되면 더 집중해서 읽을 수 있게 된다.

**단계 2** 신문 기사를 읽으면서 문장 속에서 5W1H를 찾는 훈련을 시킨다.

-이유 : 목적 없이 기사를 읽으면, 읽기 집중력이 떨어지게 된다. 5W1H를 찾으면서 기사 내용을 구체적으로 정리해 나갈 수 있는 능력이 생기게 된다.

[예시문제]

※ 다음 기사를 읽고 물음에 답하세요.

> 내 아이가 락스를 마신다면? 눈이 어두운 부모님이 순간접착제를 안약으로 착각하고 눈에 넣는다면? 환경부는 일상에서 쉽게 일어나는 화학사고에 대한 대처법을 담은 '화학사고 응급대응정보 제공서비스'를 19일부터 시작한다고 이날 밝혔다. 이에 따라 인터넷에서 '화학사고 응급대응 정보시스템'(ceis.nier.go.kr)에 접속하면 화학물질 및 제품별 특성에 따른 응급대응 방법, 화학물질 관련 국내외 안전관리 동향정보 등을 각종 그림을 통해 손쉽게 알 수 있다.
>
> 환경부에 따르면 부주의로 락스, 페인트 등 가정용 화학제품을 잘못 사용해 병원을 찾는 경우가 국내에서 연간 8,300여 건 발생하고 있다. 환경부 관계자는 "주변에서 쉽게 접하게 되는 화학물질 500종류와 화학제품 600종류에 대한 정보를 망라했다"며 "연말까지 900종류에 대한 정보를

> 추가할 계획"이라고 설명했다.
>
> −김윤종 동아일보 기자(zozo@donga.com), 〈동아일보〉 2011년 4월 20일

1. 위 기사의 핵심어를 찾아보세요.
2. 위 기사에서의 중심 문장을 찾아서 밑줄을 그어 보세요.
3. 위 기사를 5W1H를 찾아서 써보세요.

    (1) 언제(When) :

    (2) 어디서(Where) :

    (3) 누가(Who) :

    (4) 무엇을(What) :

    (5) 왜(Why) :

    (6) 어떻게(How) :

**단계 3** 기사 내용을 입체적으로 요약하도록 훈련을 시킨다. 단순한 내용 요약이나 내용을 함축하는 요약보다는 입체적으로 정리하여 요약할 수 있도록 한다.

**단계 4** 신문의 사설이나 칼럼 기사 중에 글쓴이의 주장과 그 주장을 하기 위해 제시한 근거를 찾아보도록 훈련한다.

**[예시문제]**

※ 다음 기사를 읽고 물음에 답하세요.

중생대에 살았던 육식공룡이 야행성인 것으로 밝혀졌다. 이는 중생대 포유류가 공룡의 눈을 피해 야간에 활동했다는 기존 가설과 배치된다. 미국 데이비스 캘리포니아대 랄스 슈미츠 연구원팀은 중생대 공룡의 눈 화석 33개를 분석한 결과 육식공룡이 희미한 빛을 잘 감지할 수 있는 야행성 눈을 가지고 있었다는 사실을 밝혔다.

연구팀은 공룡 눈 화석의 '공막고리' 두께를 조사했다. 공막고리는 눈동자 주위를 둘러싸고 있는 고리 모양의 얇은 뼈로, 공룡 같은 파충류와 일부 조류 눈에만 있다.

연구팀은 육식공룡과 초식공룡의 공막고리에서 각각 다른 패턴을 찾아냈다. 조사 결과 육식공룡의 공막고리는 얇으면서 고리 안쪽 구멍이 큰 모양이었고, 초식공룡의 그것은 두꺼우면서 고리 안쪽 구멍이 작았다. 하늘을 나는 익룡은 육식공룡과 초식공룡의 중간 크기를 나타냈다.

랄스 슈미츠 박사는 "밤에 활동하는 동물은 공막고리 안쪽 구멍이 크고 낮에 활동하는 동물은 안쪽 구멍이 작은 게 일반적"이라며 "육식공룡이 야행성이고 초식공룡이 주행성이었다는 형태학적인 증거"라고 설명했다.

연구팀은 눈 화석의 가로길이와 깊이를 추가로 조사해 현존하는 동물과도 비교했다. 그 결과 밤에 활동하는 육식동물과 낮에 활동하는 초식동물에게서도 비슷한 패턴이 나타났다.

　슈미츠 박사는 "이번 연구결과를 통해 동물의 생활방식과 눈 구조 진화가 서로 밀접한 연관이 있다는 사실을 밝혔다"며 "화석만 가지고 동물의 활동상을 추측하기는 쉽지 않은데 이번 연구에서 성공적으로 해냈다"고 평가했다.

-이영혜 동아사이언스 기자(yhlee@donga.com), 〈동아사이언스〉 2011년 4월 19일

1. 위 기사에서 글쓴이의 주장을 쓰세요. _____
2. 위 기사에서의 글쓴이 주장의 근거를 쓰시오.
　(근거1) _____
　(근거2) _____

　나는 이 교육방법을 많이 사용하고 있다. 지금의 계촌중학교 학생들에게 매주 화요일, 'Science Day'로 정한 날에는 동아리 실험계획을 다른 날로 미루더라도 'NIE(신문활용교육)'를 주로 하고 있다. 한국언론진흥재단에서 제공해 주고 있는 NIE활동지를 우리 학교 실정에 바꾸어 만들어서 학생들에게 글쓰기교육을 시키고 있다. 학생들은 의외로 이 활동을 즐기고 있다. 내성적이어서 발표를 잘 못하던 학생들이 어느 날 논리적으로 발표하고 있는 변화된 모습도 볼

수 있었으며, 학생들의 사고력 향상은 물론 학습능력 향상에도 효과적이라는 것을 학생들과 함께하면서 나날이 실감하고 있다.

● NIE 활동지를 통해 글쓰기 연습을 하고 있는 학생의 모습.

## 제13차 계촌중학교 신문으로 세상보기(NIE)

2012년 월 일 | **주제 : 나트륨 줄이기** | 학년 반 번 이름:

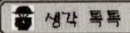
**1. 다음은 무엇에 대한 '말말말'...... 일까요?**

- 사회에 꼭 필요한 소중한 사람을 지칭할 때 사용하는 단어 ☞
- 인간 생존에 없어서 안 되는 귀중한 것 ☞
- 우리나라에서는 나쁜 것을 뜻하는데 이것을 부르는 습관이 있음 ☞
- 아시아, 아프리카, 유럽 등에서 화폐로 사용된 기록이 있음 ☞
- 로마시대에는 관료와 군인의 봉급을 이것으로 지급 ☞
- 힌두교도들은 상주(喪中)에 이것을 먹으면 안 됨 ☞
- 샐러리(Salary)는 이것을 뜻하는 라틴어 살라리움(Saladium)에서 유래 ☞

<출처: 여백, 대전일보, 2012년 3월 29일 23면>

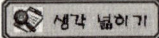
**2. 다음의 신문기사를 읽고, 나트륨을 과잉섭취하면 무엇이 문제인지 알아봅시다.**

#만병의 근원-뇌졸중, 위암, 골다공증 등 유발

해운대백병원 가정의학과 전영지 교수는 "짜게 먹는 습관은 만병의 근원이라고 말해도 틀린 말이 아니다. 실제로 나트륨을 많이 먹으면 고혈압, 당뇨병, 심혈관 질환, 위암, 골다공증 등의 위험이 높아진다"고 경고한다.

고혈압 환자는 2010년도에 28.8%으로 2007년 24.6%보다 증가했다. 그 원인 중 하나가 나트륨 과다섭취다. 나트륨을 오랫동안 많이 먹으면 체내 수분의 양이 많아지고, 특정 호르몬을 분비하여 혈관의 저항을 높여 고혈압이 생기게 된다. 고혈압은 동맥경화·협심증(심근경색)·뇌졸중·사망으로 연결돼 '죽음의 출발점'이다.

우리나라에서 가장 많이 발생하는 암인 위암도 나트륨 과다섭취와 관련이 있다. 필요 이상으로 많이 섭취한 나트륨이 위점막의 정상적인 보호 장벽을 손상시켜 염증이 잘 생기게 하고, 염증으로 약해진 위는 위암을 일으키는 물질의 영향을 좀 더 쉽게 받게 한다.

골다공증은 우리나라 60세 이상 여성의 3분의 1이 앓고 있을 정도로 흔하다. 과다섭취된 나트륨이 소변으로 배설될 때 칼슘이 함께 빠져나가서 혈중 칼슘 농도가 낮아진다. 이를 보상하기 위해 뼈 내의 칼슘이 빠져 나와 뼈의 밀도를 약화시키는 것이다.

<출처: 낱면·계청에도 나트륨....., 많이 먹으면 고혈압, 위암 위험 높아져, 부산일보, 2012년 4월 9일 23면>

**2-1.** 나트륨을 과잉섭취하면 무엇이 문제인가요?

**2-2.** 나트륨 !!, 하루에 얼마나 섭취하고 있을까요?

주요국 1일 나트륨 섭취량 (단위: mg)
- 한국 [1] 4878
- 일본 [2] 4280
- 영국 [3] 3440
- 미국 [4] 3436
- WHO 기준 [5] 2000

자료: 보건복지부
<출처: 세계일보, 2012년 3월 22일 09면>

**2-2-1.** 세계보건기구 기준 및 우리나라 최대 섭취 권고량은?

**2-2-2.** 우리국민 1인당 하루 나트륨 섭취량은?

**2-2-3.** 나트륨은 어떤 식품에 많이 들어 있을까요?

- 1 -

2-3. 나의 나트륨 섭취 습관을 점검해 봅시다.

**나도 혹시 소금 중독증?**
- 음식에 소금이나 양념을 더 뿌려 먹는다
- 외식이나 배달 요리로 끼니를 자주 때운다
- 라면이나 찌개를 먹을 때 국물까지 다 먹는다
- 평소 가공식품이나 패스트푸드를 즐겨 먹는다
- 까끌까끌한 잡곡밥보다 흰쌀밥이 먹기 편하다
- 요리할 때 소금이 아닌 천연재료로 간해 본 적이 없다
- 김치나 젓갈류가 없으면 식사를 하기 힘들다

※7문항 중 3문항 이상이면 소금중독 의심

<출처: 매일경제, 2012년 3월 24일 23면>

○ 한국인이 즐겨 먹는 식품의 나트륨 함유량(mg)

| 국 | 갈국수 | | 2900 |
| 찌개 | 우동, 라면 | 1그릇 | 2100 |
| | 물냉면 | | 1800 |
| 면류 | 된장찌개 | | 950 |
| | 참치 김치찌개 | | 900 |
| | 배추된장국 | | 750 |
| 반찬류 | 자반 고등어임 | 1토막 | 1500 |
| | 배추김치 | 100g(10조각) | 1000 |
| | 김밥 | 1줄 | 650 |
| | 멸치볶음 | 멸치15g | 650 |
| | 돼지불고기 | 등심50g | 600 |
| | 동치미 | 1그릇 | 600 |
| | 오징어 젓갈 | 15g | 600 |
| 간식류 | 피자 | 1조각(200g) | 1300 |
| | 더블버거 | 1개(200g) | 900 |
| | 햄 | 3조각(60g) | 500 |
| 복지부예방원 영양표준제공 | 롤케이크 | 2조각 | 500 |
| | 감자칩 | 1봉지 | 500 |
| | 치즈 | 1조각(20g) | 200 |

<출처: 부산일보, 2012년 4월 9일 23면>

나는 나트륨을 ( 많이, 적당히, 적게 ) 먹는 편이다.
왜냐하면

**생각 펼치기**

3. 다음의 신문 기사를 읽고 물음에 답해 보세요.

'몸짱' 소원이라면 싱겁게 먹어라

# 짜게 먹는 청소년, 뚱보 위험 성인 4배

복지부, 나트륨 섭취와 비만 상관관계 첫 발표

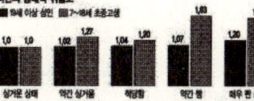

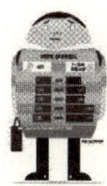

<출처: 국민일보, 2012년 4월 11일 08면>

● 한국언론진흥재단의 홈페이지에 제공된 NIE자료를 가공한 NIE활동지.

# 토론교육, 왜 필요한가?

　토론(討論)이라는 말은 실생활에서 여러 가지 의미로 쓰인다. '우리 그 문제에 대해 토론해 봅시다'라고 할 때, 토론은 '이야기하다.' 혹은 '말하다'와 같은 뜻으로 쓰이고, '소풍을 어디로 갈 것인지 토론해서 결정하자'라고 할 때, 토론은 토의와 같은 뜻으로 쓰이기도 한다. '어제 그 토론은 매우 치열했어'라고 할 때, 토론은 논쟁이라는 의미로 쓰인다.
　영어에서는 토론과 토의의 개념을 분명하게 구분하고 있다. 토론은 영어로 'debate'라고 하는 데 반해 토의는 'discussion'이라고 한다. debate에 대응하는 우리말은 '토론'보다는 '논쟁(論爭)'이 더 적절하다고 할 수 있다. 이에 반해 discussion은 '어떤 문제를 해결하기 위해 여럿이 모여 이야기를 주고받는 것'을 뜻한다. 토의 혹은 협의, 심의 뜻으로 번역할 수 있다. 그러므로 토론(debate)은 토의(discussion)의 한 방식이라고 할 수 있다.

토론이라는 말을 토의와 구분하지 않고 쓰면 토론의 뜻이 분명하게 드러나지 않는다. 토의는 어떤 결론을 도출하거나 합의를 이끌어내기 위해 마음을 모으는 과정이라고 할 수 있다. 토의는 하나의 문제를 공동으로 생각하기 때문에 문제를 깊이 이해할 수 있고, 해결에 이르는 길을 찾는 동안 다양한 가능성을 검토할 수 있는 장점이 있으며, 소수의 의견도 중요하게 다루어진다는 점에서 민주적인 말하기이다. 이에 반해 토론은 어떤 논제에 대해 대립되는 입장으로 나뉘어 자신의 주장이 옳다는 것을 논리적인 근거를 바탕으로 상대방을 설득하는 말하기이다. 따라서 토론이 가능해지려면 서로 대립되는 주장이 있어야 한다. 토의가 합의를 전제로 성립된다면, 토론은 대립을 전제로 성립된다고 할 수 있다.

넓은 의미로 보면 토론은 토의의 일종이지만, 토의가 문제해결을 위해 협동하는 말하기인 것에 비해, 토론은 문제해결을 위해 대립하는 말하기라는 점이 다르다. 그러므로 토의를 할 때는 서로 마음을 터놓는 자세가 필요하다. 마음을 터놓고 자유롭게 의견을 발표할 수 있을 때, 좋은 해결책이 나오기 때문이다. 또한 토의의 참가자들이 자유롭게 아이디어를 내놓을 수 있도록 수용적인 분위기를 조성하는 것이 중요하다. 아이들은 자신의 의견이 존중되고 받아들여질 때 토의에 적극적으로 참여하기 때문이다.

토의는 참가자들의 합의를 통해 문제해결책을 도출하는 데 목적이 있지만, 토론에서는 반드시 어떤 해결책을 도출해야 할 필요가 없다. 토론은 합의안이나 해결책을 모색하는 하나의 방법이긴 하지만 그것이 궁극적인 목적은 아니다. 토론을 하는 궁극적인 목적은 서로 대립하는 가운데 올바른 진리에 도달하려고 하는 것이라고 할 수 있다. 토론은 어느 쪽을 선택하느냐 하는 승패의 문제가 아니라 서로 대립되는 주장을 통해 새로운 진리를 발견해내는 과정이라고 할 수 있다.

최근 들어 우리는 텔레비전을 통해 여러 가지 토론 프로그램을 많이 볼 수 있게 되었다. 정부의 여러 정책들이 일반 시민들의 토론 대상이 되는 것은 물론이고, 각종 선거를 앞두고 펼쳐지는 후보들 간의 정책토론은 이제 기본적인 것으로 인식되고 있다. 토론을 통해 후보의 자질과 정책을 검증받는 것이 당연하다고 생각하게 된 것이다. 이런 현상이야말로 우리 사회가 민주화되고 있다는 확실한 증거가 아닐까?

토론은 민주적인 문제해결을 위한 기본적이고 효과적인 방법이지만, 아이들과 함께할 수 있는 가장 흥미로운 활동 중의 하나이기도 하다. 아이들은 스스로 참여해 자신의 의사를 표현할 수 있는 활동을 좋아한다. 몸으로 하는 연극이나 역할극, 뮤지컬 등 다양한 방식으로 자신을 표현할 때, 아이들은 행복해한다. 토론도 그러한 연극 못지않게 아이들의 흥미와 관심을 이끌 수 있다. 토론을 통해 평소와 다른 친구들의 모습을 보게 될 때 아이들은 매우 흥미로워한다. 또 상대방의 날카로운 공격을 절묘하게 받아넘기거나 정곡을 찌르는 질문을 던질 때, 아이들은 토론의 재미를 만끽하게 된다.

그런데, 토론은 쉽게 할 수 있는 단순한 활동이 아니다. 자신의 주장을 뒷받침할 수 있는 근거가 될 자료를 찾아 정리하고 토론에 참여해 말하는 과정이 아이들에게는 생소하고 힘든 일이 될 수도 있다. 하지만 토론 수업에서는 토론의 모든 과정을 친구들과 함께하기 때문에 즐겁게 참여할 수 있다. 또한 텔레비전에서 보던 토론을 자신이 주인공이 되어 직접 하기 때문에 자부심도 느낄 수 있다. 토론 수업을 경험한 아이들은 대부분 토론이 끝난 다음에 매우 아쉬워할 뿐만 아니라 다시 한다면 준비를 좀 더 철저히 해야겠다고 다짐한다.

학과 공부를 하거나 시험을 치르듯이 토론을 하게 되면 재미가 없어진다. 토론은 학생들이 반드시 배워야만 할 무엇이 아니라, 생활 속에서 자연스럽게 이루어지는 재미있는 활동이어야 한다. 아이들이 토론을 통해 무언가를 배우게 하기보다는 토론을 즐기도록 하는 것이 중요하다. 그저 토론을 즐기기만 하는 것으로도, 토론이 갖고 있는 모든 좋은 것들을 저절로 얻게 될 것이다.

토론을 통해 얻게 되는 효과를 정리해 보면 다음과 같다.

**1 논리적 사고력이 향상된다.**

    토론은 상대방을 논리적으로 설득하는 말하기이다. 상대방의 말을 잘 듣고 논리적인 허점을 파악해 질문을 하거나, 자신의 주장을 뒷받침할 수 있는 논거를 찾아 제시해야 한다. 따라서 토론을 시작하기 전에 자신의 주장을 뒷받침할 수 있는 여러 가지 관련 자료를 분석해 논거에 적합한 사실들을 정리해야 한다. 또한 상대방이 제기할 만한 반론을 미리 예측해 그에 적절한 논거를 준비해야 한다. 토론 자체가 치열한 논리의 싸움이기 때문에 아이들은 토론을 준비하고 진행하면서 논리적인 사고를 하지 않을 수 없게 된다.

**2 주제에 대한 깊이 있는 학습이 가능하다.**

    토론은 결국 토론자들이 논제에 대해 얼마나 알고 있는지, 얼마나 깊이 고민했는지에 따라 승패가 결정된다. 토론의 이런 점은 아이들로 하여금 논제에 대해 깊이 있는 탐구를 하도록 만든다. 또한 저마다 조사한 자료를 가지고 토론해 보면 자신의 생각이 얼마나 제한되어 있었는지도 알 수 있게 된다. 다른 사람의 이야기를 들으며 같은 자료를 가지고도 다양한 논의가 가능하다는 것을 깨닫게 되기 때문이다. 이것이 바로 토론의 매력이다. 더 나아가 정반합의 논리를 배우며 아이들은 논제를 더욱 깊이 이해하게 된다.

**3 자료를 조사하고 탐구하는 능력이 향상된다.**

    토론을 하게 되면 자료 조사를 하지 않을 수 없다. 자신이 아는 수준에서 토론에 임하면 낭패를 보기 쉽다. 다양한 자료를 조사해 문제를 다각적으로 분석하고 비판

하는 상대 앞에서 한없이 초라한 모습으로 앉아 있어야 하기 때문이다. 이런 상황에서 벗어나기 위해 아이들은 다양한 자료를 찾아 근거를 마련한다.

## 4 의사소통 능력이 향상된다.

토론을 통해 아이들의 발표력이 향상된다. 일방적인 발표와 달리 토론은 상대방과 함께 이야기하는 것이기 때문에 비교적 자연스러운 대화 상황이 마련된다. 그냥 사람들 앞에서 발표를 할 때는 쭈뼛대던 아이들도 토론을 할 때는 좀 더 쉽게 용기를 낸다. 그것은 아무래도 일대다의 일방적인 상황이 아니라 일대일의 상호교환적인 상황이 조성되기 때문이고, 또 다른 사람들이 적극적으로 자신의 말에 귀를 기울여 주기 때문이다.

발표력을 기르는 것보다 더 중요한 것은 남의 이야기를 듣는 일이다. 발표하는 사람의 이야기를 집중해서 듣지 않으면 맥락에서 벗어난 이야기를 하게 되어 논점을 흐리게 될 수 있다. 상대방의 주장에 반박하기 위해서라도 제대로 듣지 않으면 안 된다.

## 5 문제해결 능력을 키울 수 있다.

새롭고 낯선 논제가 제시되더라도 아이들은 사전에 충분히 자료를 준비해 토론에 참여할 수 있다. 토론을 준비하는 아이들은 이미 혼자가 아니기 때문이다. 토론을 준비하기 위해 논제를 분석하고, 자료를 찾고, 토론 전략을 짜고, 실제 토론을 하는 과정에서 다른 사람들의 능력을 확인하게 된다. 상대방과 날카로운 공격을 주고받으면서 평소에는 볼 수 없었던 상대방의 새로운 면모를 볼 수도 있다.

그런데, 실제로 토론수업을 해보려고 하면 쉽지 않은 경우가 있다. 한두 번 해보다가 아이들의 반응이 신통치 않다든지, 교사로서 철저히 준비하지 못해 실패로 끝날 때면 토론수업을 다시 하고 싶지 않기도 하다.

그러나 토론수업은 아이들의 인성과 창의성을 기르게 하기 위해서뿐만 아니라, 우리 사회가 요구하는 민주시민의 자질을 길러주기 위해서도, 이제는 학교에서 토론식 수업을 하지 않을 수 없다. 어떤 교육이든 꾸준히 실천하지 않으면 발전할 수 없다. 한두 번 실패했다고 해서 포기해서는 안 되며, 시행착오를 겪으면서 나름대로의 지도방법을 체득해 나가는 것이 중요하다. 처음부터 욕심내지 말고, 가장 쉬운 방법부터 시작해 볼 것을 권하고 싶다. 그러다 보면 차츰 토론 기법이 생기고 문제점을 개선해 나가면서 어떻게 해야 된다는 것을 터득하게 될 것이다.

승리하는 즐거움을 느껴본 아이들은 그 쾌감을 또다시 느껴보기 위해 많은 노력을 한다. 항상 지는 삶은 재미없어하며, 그 삶에서 좌절을 느끼기도 한다. 그러나 상대방에게 자신의 의견을 당당하게 말할 수 있는 능력이 있다는 것을 발견했을 때는 기쁨을 느끼게 된다.

나는 아이들의 이러한 점을 이용해 토론교육을 시켰다. 찬성 팀과 반대 팀으로 팀을 만들어 서로 경쟁하게 하고, 그에 대해 스스로 판단하도록 해주었다. 최근 카이스트는 입시에서 토론 능력을 평가하기도 한다. 학생들의 토론과정을 지켜보면 그 학생이 한 주제에 대해 얼마나 알고 있으며, 그 알고 있는 내용을 어떻게 주장하는지, 그 학생의 인성이 어떤지를 한눈에 파악할 수가 있다. 그러므로 토론을 올바르게 진행하는 것을 가르치는 것이 필요하다. 이 토론방법을 올바르게 익히게 하기 위해서는 신문의 사설을 읽는 것부터 시작하는 것이 좋다. 신문은 살아 있는 교과서이기 때문이다.

● 학생들이 토론하는 모습.

# 진정한 영재교육의 의미

과학영재교육은 실제로 내 아이를 가르치기 위해 공부하기 시작한 것이었다. 내 아이에게 써먹지는 못했지만, 그래도 많은 사람들에게 내가 가진 지식을 나누어줄 수 있게 된 것에 감사한다. 과학고에서 아이들을 가르치면서 과학영재교육을 유감없이 할 수 있었고, 강원도교육청이 강원도 전체 학생들을 대상으로 뽑은 10명의 중등과학미래영재들 중 3명을 맡아서 사사교육을 하는 데도, 영재교육을 맡고 있는 교사들을 대상으로 강의를 할 때도, 그리고 영재들의 학부모교육 등을 하는 데도 많은 도움이 되었다. 내 아이에게 써먹지는 못했지만, 그래도 많은 사람들에게 내가 가진 지식을 나누어줄 수 있게 된 것에 감사한다.

아래의 글은 영재들의 학부모들을 대상으로 특강을 할 때 자료로 나누어준 글의 일부이다. 영재교육에 관심이 있는 사람들에게 도움이 될 듯싶다.

과학 영재는 일반 영재가 갖고 있는 지적 능력이나 특성을 모두 갖고 있으면서 과학 및 수학과 관련된 지적·심리적 측면에서 일반 영재보다 높은 능력을 나타내고 있는 아이들이다. 즉, 과학 영재란 동일한 연령의 다른 아이들보다 수학과 과학의 성취도가 매우 높고, 뛰어난 지적 능력과 창의력을 가지고 있으며, 과학 분야의 탐구 활동에 강한 흥미와 과제 집착력을 가지고 있는 사람으로 규정할 수 있을 것이다. 우리나라 과학 영재들의 행동 특성을 연구해 발표한 내용을 보면 다음과 같다.

1 탁월한 지적 능력(IQ 130 이상, 언어 능력, 수리 능력)을 가지고 있으며 높은 학업 성취도를 나타낸다.
2 빨리 학습하는 능력을 가지고 있어서 학습 진도가 매우 빠르다. 동년배보다 1~4년 빠르다.
3 뚜렷한 과학 적성을 보인다. 일반적으로 과학이나 수학, 전자 계산 등에 흥미를 가지고 있으며, 실험과 관찰을 좋아하고 이에 열중하며 탐구적 태도를 지니고 있고, 탐구 능력이 우수하다.

**4** 창의성이 높으며 과학 탐구에 깊은 관심을 나타낸다.
**5** 과제 집착력과 강한 자아를 갖고 있다.
**6** 정서적으로 안정되어 있으며 사회적으로 잘 적응하는 편이다.

과학 영재들을 지도하다 보면 뜻밖의 모습을 발견할 때도 있다. 중학교 과정까지 수학과 과학의 성취도가 높아서 과학 영재로 선발되어 과학고에 입학했지만 또는 과학 영재로 뽑혔지만, 실제로는 인문계열에 재능이 있는 학생들도 있다는 것이다. 이들은 수학과 과학 교과 진도를 따라오지 못하고 학교생활 자체를 힘들어하기도 한다. 또한 같은 과학 영재라 해도 개인차가 심하며 각자의 특기가 다양하기 때문에 쉽게 열등감을 느끼고 스스로 상처받으며 좌절하는 경우도 종종 있다. 모든 면에서 최고일 수는 없기 때문에 자신보다 뛰어난 사람의 영재성을 알아보고, 자신이 그 분야에서 최고가 될 수 없음에 가슴 아파하고 힘들어하기도 한다.

그렇기 때문에 아이 스스로 자부심을 가지고 성적에 개의치 않고 자신의 창의적 능력을 발휘할 수 있는 환경을 제공해 주어야 한다. 과학과 수학에서는 영재성을 보이지 않는다 할지라도 과학고에 들어왔다는 것은 분명 능력이 있다고 볼 수 있다. 다른 아이들보다 뛰어난 과학 영재는 아니더라도 과학 분야에 흥미가 많다고 할 수 있으므로, 이 아이의 예민한 감성에 상처를 주거나 좌절하게 해서는 안 된다.

그런데, 자칫 이 시기에 많은 엄마들이 아이의 인생에서 가장 큰 아픔을 겪게 한다. 따라서 자신의 아이를 다른 영재와 비교해 위축되지 않게 하고, 개인차를 인정하고 상처받지 않도록 늘 격려해 주며 더욱 관심을 가져야 한다.

과학 영재들은 이미 알고 있는 내용을 반복학습하거나 답이 있고 내용만 확인하는 단순한 실험활동을 싫어한다. 다시 말하면 지적 호기심을 불러일으키고, 다른 사람들과는 차별화된 자기만의 아이디어로 뭔가를 새롭게 발견하고 설계해 보는 과정에서 성취감을 느낀다. 아무리 힘든 과정을 겪는다 해도 소집단으로 토론하며 과제를 해결하는 과정을 누구나 좋아한다. 이러한 아이들에게는 항상 가르치려고 하는 것보다는 새롭게 해결해야 할 과제를 효과적으로 제시해 주는 것이 좋다.

과학 지식은 절대 불변하는 것이 아니고, 새로운 발견에 의해 계속 수정 혹은 교체되어 나가는 가변적 성질을 가지고 있다. 때문에 현재 공부하고 있는 지식은 어쩌면 아이들이 졸업한 후 사회생활을 하게 될 즈음이면 이미 낡은 지식이 될 수도 있다. 그 점을 이해하고 과학 지식 자체보다는 '과학을 하는 방법'을 가르쳐야 할 것이다. 아이들 모두가 작은 과학자가 되어서 주어진 과제를 스스로 해결해 가는 과정에서, 과학자가 자료를 어떻게 탐색하고 어떻게 실험을 설계해 문제를 해결해 가는지를 경험하게 된다.

이러한 학습방법을 탐구학습이라고 한다. 나는 아이들의 개인적 학업 성취도나 개인별 특기 및 적성에 따라 2~4인의 조를 구성해

각 소집단에 맞는 탐구과제를 선정하고 해결해 갈 수 있도록 하고 있다. 시간을 넉넉히 주고 조별로 과제를 해결하도록 하면 어떻게 해서든 자신들의 수준에 맞게 그 문제를 정해진 시간 안에 해결해 오는 것을 볼 수 있다. 아이들은 아무리 힘들고 어려워도 흥미를 느끼고 있는 문제들은 반드시 스스로 탐구하고 해결하는 것이다.

효율적인 영재교육이 이루어지기 위해서는 선행학습이나 속진학습 위주로 교육이 진행되는 것이 일반적인 방법이다. 영재들의 심리적 특성이나 학습특성에 비추어 볼 때, 일반 학생들을 위한 교수방법이나 학습전략과는 확실히 차별화되며 다음과 같은 몇 가지의 관점을 고려해 아이들을 지도하고 있다.

1 창의적 문제해결 능력을 향상시키는 데 도움을 줄 수 있어야 한다.
2 자기 주도적인 학습 능력을 향상시킬 수 있어야 한다.
3 영재들에게 인지적 자극을 줄 수 있는 고급사고 기능을 다루어야 한다.
4 자신의 학습속도에 맞추어 능력을 개발시킬 수 있을 만큼 융통성이 있고 개방적인 교수학습 방법이어야 한다.
5 개개인의 흥미와 관심에 집중할 수 있도록 한다.

이러한 관점을 바탕으로 영재들의 학습 특성을 살릴 수 있는 교수방법은 다양하다. 개별화 학습, 문제해결 학습, 탐구학습, 프로젝트 중심 학습, 실험 중심 학습, 토론 및 발표 중심 학습, 그리고 협동학습 등이 있다.

그러나 영재교육 담당교사의 한 사람으로서 다양한 영재교수 학습 방법보다 더 중요한 것은 교사가 학생들을 얼마나 잘 파악하고 있는지, 그 학생들의 눈높이에 맞는 수업, 학생이 원하는 수업, 학생의 창의성을 높이는 데 꼭 필요한 수업을 하기 위해 얼마나 고민하며 수업을 설계하고 지도할 수 있느냐 하는 것이다.

어느 학자는 '한 사람을 훌륭한 인간으로 성장시키기 위해서는 100사람이 참여해도 어렵지만, 한 사람의 성장을 저해하기 위해서는 한 사람으로도 충분하다'고 말했다. 이 말은 영재교육을 하는 데 있어 귀담아들어야 할 것 같다. 물건과 달리 영재는 어느 누구의 마음대로 구할 수 있는 것이 아니다. 영재교육을 성공시키기 위해서는 사회, 학교, 교사, 학부모, 그리고 학생 모두가 함께 노력해야 한다.

한 나라의 산업기술은 과학자와 기술자의 뛰어난 창의력과 창조력에 의해서만 발전할 수 있다. 치열한 글로벌 경쟁 속에서 우리나라가 살아남으려면, 과학기술 분야 및 수학과 과학 분야에 뛰어난 소질과 능력을 갖춘 과학 영재들에게 좋은 교육환경을 마련해 주어야 한다. 기초과학의 발전에 주력하면서 그들의 능력과 소질을 마음껏 계발하고 발휘할 수 있도록 해야 한다.

그러나 현재는 이공계 진학을 기피하고 있는 현실이다. 대학 입시제도, 사회 문화적 관습 등에 따라 우수한 영재들이 기초과학 및 기술 분야로 진출하기를 기피하는 상황에서는 아무리 훌륭한 과학 영재 교육제도와 교육기관을 운영한다 하더라도 국가의 발전을 기대하기는 어려울 것이다. 그렇다면 영재들을 어떻게 대해야 하며 어떻게 지도해야 할까? 어느 영재교육 전문가가 내게 해준 말을 떠올려 본다.

"영재들을 가르치려고 하지 마십시오. 영재는 스스로 배웁니다. 영재들에게는 적절히 자극시켜 주고 그들이 계속 노력할 수 있는 환경만 만들어주면 됩니다. 선생님이 영재를 직접 가르치려는 순간, 그들을 더 이상 영재로 생각하고 있지 않다는 사실을 잊지 마십시오."

이 책을 읽는 분 중에서 자신의 아이가 영재라고 믿고 있으면서도 더 많은 것을 가르치려고 하는 엄마들이 있다면, 이제 생각을 바꿔보자. 아이 스스로 노력할 수 있는 환경을 만들어주는 것, 그것이 바로 진정한 영재교육이다.